原本註解

명심보감(明心寶鑑)

金 東 求 編

明文堂

原本註解

명심보감(明心寶鑑)

초판 발행 | 2008년 2월 11일
초판 8쇄 | 2025년 4월 16일
편 저 | 金東求
펴낸이 | 金東求
펴낸데 | 明文堂(창립 1923. 10. 1.)
주 소 | 서울특별시 종로구 윤보선길 61(안국동)
우체국 | 010579-01-000682
전 화 | (영업) 733-3039, 734-4798 FAX 734-9209
(편집) 741-3237
등 록 | 1977. 11. 19. 제 1-148
ISBN 978-89-7270-872-8 03140

잘못된 책은 구입한 곳에서 바꿔드립니다.
값 12,000원

三綱 삼강

君爲臣綱 군위신강
임금은 신하의 근본이 되고

父爲子綱 부위자강
아버지는 아들의 근본이 되며

夫爲婦綱 부위부강
남편은 아내의 근본이 된다.

五倫 오륜

父子有親 부자유친
아버지와 아들 사이는 친함이 있어야 하고

君臣有義 군신유의
임금과 신하 사이는 의가 있어야 하고

夫婦有別 부부유별
남편과 아내 사이는 분별이 있어야 하고

長幼有序 장유유서
어른과 어린이 사이는 차례가 있어야 하고

朋友有信 붕우유신
벗과 벗 사이는 믿음이 있어야 한다.

朱子 주자 十悔訓 십회훈

不孝父母死後悔 (불 효 부 모 사 후 회) 부모에게 효도하지 않으면 돌아가신 후에 후회한다.

不親宗族疎後悔 (불 친 종 족 소 후 회) 종족에게 친절하지 않으면 헤어진 후에 후회한다.

不接賓客去後悔 (부 접 빈 객 거 후 회) 손님을 접대하지 않으면 가신 후에 후회한다.

不治垣墻盜後悔 (불 치 원 장 도 후 회) 담을 쳐놓지 않으면 도둑맞은 후에 후회한다.

春不耕種秋後悔 (춘 불 경 종 추 후 회) 봄에 심지 않으면 가을이 온 후에 후회한다.

少不謹學老後悔 (소 불 근 학 노 후 회) 젊어서 부지런히 배우지 않으면 늙은 후에 후회한다.

色不勤愼病後悔 (색 불 근 신 병 후 회) 색을 조심하지 않으면 병든 후에 후회한다.

富不節用貧後悔 (부 부 절 용 빈 후 회) 부할 때 절약하여 쓰지 않으면 가난한 후에 후회한다.

念不思難敗後悔 (염 불 사 난 패 후 회) 늘 생각하되 어려움을 생각지 않으면 실패 후에 후회한다.

※ 念을 忿으로 씀은 잘못.

酒中妄言醒後悔 (주 중 망 언 성 후 회) 주중에 망동된 말은 술 깬 후에 후회한다.

※ 或 : 酒를 醉로도 쓰고 있음.

책머리에

마음을 밝게 하는 거울

명심보감(明心寶鑑)은 성현(聖賢)들의 금언(金言)과 명구(名句)를 추려 모은 수양서(修養書)이다. 일찍이 고려시대부터 많은 사람들이 애독하고 소중히 여겼던 도의(道義)의 교본(教本)으로, 우리 민족의 정신적 가치관 형성에 일익을 담당해왔다.

책명에서 '명심'이란 '마음을 밝게 한다'는 뜻이며, '보감'은 '보물과 같은 거울'로서의 교본이 된다는 것을 뜻하였다. 비록 한문 고전에서 단편적인 교훈을 모아 놓은 것이지만 그 생명과 가치는 오늘에도 생생하게 빛을 내며 따라서 모든 사람들이 항상 좌우명(座右銘)으로 삼고 활용해야 할 주옥(珠玉) 같은 가르침의 말들이다.

책의 내용은 원래 계선편(繼善篇) · 천명편(天命篇) 등 모두 20편으로 되어 있었으나, 후일에 와서 증보편 · 효행편 속(孝行篇 續) · 염의편(廉義篇) · 권학편(勸學篇)을 증보하여 보강한 것이 있는가하면, 팔반가(八反歌) 한 편을 보완한 증보판도 보인다.

그 편성 순서에 따라 요지를 살펴보면 다음과 같다.

계선편은 착한 자에게는 복이 오고 악한 자에게는 화가 미친다는 굳은 신념에서 선행을 권장하는 옛 금언(金言)들을 모았다.

천명편은 선행을 해야 모든 일이 순조롭다는 천도(天道)의 증언을 들고 있다. 순명편(順命篇)은 생사가 명(命)에 있고 부귀가 하늘에 있음을 들고 분수에 맞게 살 것을 강조하였다. 효행편(孝行篇)에서는 부모의 은덕과 자식됨의 도리를 밝혀 인과론적 효도를 설명하였다.

정기편(正己篇)은 많은 분량을 할애하여, 일상생활을 항상 반성하고 홀로 있을 때 행동을 삼가해야 할 것과, 일에 성의를 다하며 감정을 통제해서 맑고 청렴하고 담백한 생활을 영위해야 할 것을 엮고 있다.

안분편(安分篇)에서는 매사에 자신의 분수를 알아, 무리하고 부질없는 호화로운 향락보다는 실질적이며 정신적 생활을 영위하는 데 만족할 것을 들었다. 존심편

(存心篇)은 언제나 겸손하고 남을 용서하는 마음으로 세상을 대하나, 자신에 대한 지나친 관용은 금하여 끊임없는 자성(自省)으로 후회함이 없도록 노력하라고 하였다.

계성편(戒性篇)은 참는 것이 덕이 되니 분노를 누르고 인정을 베풀도록 하라는 내용이며, 근학편(勤學篇)은 어려서부터 부지런히 배워야 할 것을 거듭 당부하면서, 결과적으로 인간의 영달(榮達)이나 완성은 전적으로 스스로의 면학에 있음을 일깨우고 있다. 훈자편(訓子篇)은 금전보다는 자녀교육이 더 중요하며, 교육의 방법은 가장 엄격하면서도 정도(正道)를 걸어야 한다는 구체적인 가언(嘉言)들을 인용하였다.

성심편(省心篇) 상 · 하는 이 책의 핵심인 동시에 책 전체 분량의 3분의 1을 차지하고 있다. 보화보다는 충효를 중시하고, 불의하면서 부귀를 누리는 것은 오래 가지 못하며, 세상일들이 예측할 수 없는 흥망성쇠가 순환하고 있으니 평소 자신을 절제하고 감사하는 마음가짐을 가질 것을 강조하였다. 입교편(立敎篇)에서는 삼강오륜을 중심으로 처신에 조심하고 노력할 것과 충성과 효도를 다할 것을 언급하고 있다.

치정편(治政篇)은 정치의 요체가 애민(愛民)에 있으며, 청렴 · 신중 · 근면이 그 터전이 되어야 함을 일깨우고 있다. 치가편(治家篇)은 가정관리의 원칙과 실제, 부부의 화목과 부자간의 의리를 돈독히 할 것을 타이르고 있다. 안의편(安義篇)은 인륜의 시작과 부부 · 부자 · 형제관계에 덧붙여 인간관계는 빈부를 초월한다고 하였다.

준례편(遵禮篇)은 가족간 · 친척간 · 조정에서의 예의와 함께 심지어 전쟁에서도 예의가 있으며, 예의가 곧 사회 유지의 근본이라고 하였다. 언어편(言語篇)은 말의 책임성과 말을 삼가해야 할 것을, 부행편(婦行篇)은 부인이 갖추어야 할 사덕(四德)의 설명과 함께 그 역할과 사명을 들었다.

기타 증보판의 경우 앞의 내용을 보완하거나 「녹계궁지(錄桂宮誌)」에 실린 효행을 권려한 내용을 발췌해서 팔반가편(八反歌篇)으로 편찬하였다.

모쪼록 이 책을 통해 많은 사람들이 선한 본성을 되찾고 인격을 도야하여 인류의 역사와 문화발전에 기여하는 지식인이 될 것을 기대한다.

2008년 정월

편저자 씀.

차 례

계선편(繼善篇)

선행을 계속하라. 더욱 착한 일을 하라.

繼善篇 1

子曰 爲善者는 天報之以福하고 爲不善者는
자왈, 위선자 천보지이복 위불선자

天報之以禍니라.
천보지이화

공자께서 말씀하셨다.

착한 일을 하는 사람은 하늘이 복으로써 감싸주고 착하지 않은 일을 하는 사람은 하늘이 재앙으로써 갚아주느니라.

참고 공자(孔子) : B.C. 552~479. 춘추(春秋)시대의 말기 노(魯)나라의 창평향 추읍(昌平鄕 陬邑, 지금의 산동성(山東省)) 곡부현(曲阜縣)에서 탄생하였다. 이름은 구(丘), 자(字)는 중니(仲尼)다. 인(仁)을 근본으로 하는 윤리 도덕(倫理道德)을 설명하여 사람들의 갈 길을 밝힘으로써 성인(聖人)으로 일컬어지게 되었다.

설명 이 글은 자연의 진리에 대한 원리를 말한 것이다. 모든 행위에는 원인과 결과가 있다. 착함이라는 원인이 있어서 복이라는 결과가 있고, 악함이라는 원인이 있어서 재앙이라는 결과가 있는 것이다. 착한 행위도 사람이 하는 것이요, 복이라는 열매도 사람이 얻는 것이지만, 그 복은 내 스스로 얻어진 것이 아니라 자연의 진리라고 하는 하늘이 보응해 준 것이다.

※ 爲善者(위선자) : 선을 행한 사람. 報 갚을 보. 以 써 이. 福 복 복. 禍 재앙 화.

繼善篇 2

漢昭烈이 **將終**에 **勅後主曰**
한소열 장종 칙후주왈,

勿以善小而不爲하고 **勿以惡小而爲之**하라.
물이선소이불위 물이악소이위지

한(漢)나라의 소열황제(昭烈皇帝)가 장차 임종하려 할 때에 아들〔後主, 劉禪〕인 다음 황제에게 조칙을 내려 말하였다.

착한 일이 작다고 해서 아니 하지 말며, 악한 일이 작다고 해서 하지 말라.

참고 한소열(漢昭烈) : B.C 160~223. 삼국시대 촉한(蜀漢)의 소열황제(昭烈皇帝)를 일컬음. 성은 유(劉), 이름은 비(備), 자는 현덕(玄德), 소열(昭烈)은 그의 시호이다. 삼국지(三國志)에 나오는 관우(關羽) · 장비(張飛) · 제갈량(諸葛亮) 등의 도움으로 한중왕(漢中王)에 올랐다.

설명 한(漢)나라의 소열황제인 유비(劉備)는 서촉(西蜀)지방에서 영토를 확장하여 촉한(蜀漢)을 세우고 강북(江北)의 위(魏), 강남의 오(吳)와 대치하게 되었다. 그런데 아들인 유선(劉禪)은 그다지 영특하지가 못하였다. 그래서 유비는 나라를 맡아야 할 아들에게 염려되는 바가 많았다.

특히 여기서 주목해야 할 것은 임금이라는 지위가 작은 일은 대수롭지 않게 여길 수도 있기에, 오히려 작은 일에 더욱 마음을 쓰도록 하라는 것이다. 우리는 자칫 작은 일에는 소홀하기가 쉽다. 그러나 이 작은 일이 모여 큰 일이 되는 것이다.

'바늘 도둑 소 도둑 된다'는 속담이 있다. 사소한 악이라도 버릇이 되면 큰 악을 범하게 된다. 반대로 사소한 선이라도 적극적으로 행하라. 오래 선(善)을 행해야 선인이 된다.

將 장차 장, 終 마칠 종, 勅 칙서 칙, 後 뒤 후, 勿 말(금지) 물.

繼善篇 3

莊子曰 一日不念善이면 諸惡이 皆自起니라.
장 자 왈, 일 일 불 념 선 제 악 개 자 기

장자가 말하였다.

하루라도 착한 일을 염두에 두지 않으면 모든 악한 것이 다 저절로 일어나느니라.

참고 장자(莊子) : B.C. 356~290. 이름은 주(周). 전국시대(戰國時代)의 송(宋)나라 사람. 노자(老子)의 무위자연설(無爲自然說)을 크게 발전시켜서 노장사상(老莊思想)을 이루었으며, 만물 일원론(萬物一元論)을 주장하였다. 인생관은 사생을 초월하여 절대 무한의 경지에 소요(逍遙)함을 목적으로 하였고, 또한 인생은 모두 천명(天命)이라는 숙명설(宿命說)을 취하였다. 저서(著書)로 「남화경(南華經)」이 있다.

설명 동양에서 이 본성의 선과 악에 대해서 극단적으로 대립한 것이 바로 맹자(孟子)의 '성(性)은 선하다'는 주장과 순자(荀子)의 '성은 악하다'는 주장이었다. 그래서 맹자는 이 선한 본성을 유지하라는 것이요, 순자는 악한 본성을 교정하여 선으로 돌아가라는 것이다. 그러니 결국 사람살이는 선해야 한다는 결론이 되는 것이다.

인간은 만물의 영장(靈長)이다. 그러므로 '탁월한 심령, 정신 및 이성'을 바탕으로 선(善)을 행할 수도 있다. 동시에 인간은 동물이다. 그러므로 '동물적 본능'을 바탕으로 악(惡)을 자행할 수도 있다. '하늘의 도리를 따라, 서로 사랑하고 협동하고 함께 잘 살려는 마음과 행동은 선이다. 반대로 동물적·이기적 욕구를 채우기 위해서 남을 살상하고 남의 재물을 탈취하는 마음과 행동'은 악이다. 인간의 행동은 마음을 바탕으로 형성되고 나타난다. 그러므로 항상 착한 마음을 지니고 선을 행하도록 노력해야 한다. 마음이 풀어지고 틈이 생기면 악한 마음이 고개를 들고 발동하게 된다.

念 생각할 념, 諸 모든 제, 皆 다(대개) 개, 自 스스로 자, 起 일어날 기.

繼善篇 4

太公이 **曰**, **見善如渴**하고 **聞惡如聾**하라 **又曰 善事**는 **須貪**하고 **惡事**는 **莫樂**하라.
태공 왈, 견선여갈 문악여롱 우왈 선사 수탐 악사 막락

태공이 말하였다.

착한 것을 보거든 목마를 때 물을 보듯이 하고, 악한 것을 듣거든 귀 먹은 것 같이 하라. 또 이르기를, 착한 일은 곧 탐내고 악한 일은 즐겨하지 마라.

참고 태공(太公) : 본명(本名)은 여상(呂尙)인데, 여망(呂望)이라고도 하며, 주(周)나라 초기의 현자(賢者)다, 위수(謂水)가에서 낚시질을 하다가 문왕(文王)에게 기용(起用)되었으며, 문왕이 죽은 뒤 그의 아들 무왕을 도와 은(殷)의 폭군인 주(紂)를 멸하고 주왕조(周王朝)를 창건하였다. 그 공로로서 제(齊)나라에 봉함을 받아 시조가 되었다. 춘추시대를 거쳐 전국시대에 이르기까지 강대한 나라로서 오랫동안 존속되었다. 그의 저서로 병서 「육도(六韜)」가 전한다.

설명 목이 마를 때 물을 찾는 것은 사람의 생리적 본능이다. 착한 일을 보면 목마른 자가 물을 찾듯이 하라는 것이니, 착한 일을 본능으로 여겨야 한다는 말이다. 우리는 애타게 찾는다는 말을 '갈구(渴求)한다'라고 한다. 이 말도 목마른 자가 물을 찾는다는 뜻이다. 착한 일을 갈구한다 하면 욕심치고는 대단한 욕심이다. 그러기에 다음에 말한 탐낸다는 말과 동일한 의미가 된 것이다.

어쨌든 착한 일에는 목마른 자가 물을 탐내듯이 하고, 악한 일을 들어도 못 들은 체 귀뚫린 귀머거리가 되어야 한다. 우리의 속담에 '소 귀에 경 읽기[우이독경(牛耳讀經)]'은 아무리 가르치고 일러주어도 알아듣지 못함을 비유한 말이다.

渴 목마를 갈, 聾 귀머거리 롱, 須 모름지기 수, 貪 탐할 탐.

繼善篇 5

馬援曰 終身行善이라도 **善猶不足**이요 **一日行惡**이라도 **惡自有餘**니라.
마원왈, 종신행선 선유부족 일일행악 악자유여

마원이 말하였다.

종신(終身)토록 착한 일을 해도 착한 일은 오히려 부족하고, 단 하루라도 악한 일을 행하면 악한 일은 저절로 남음이 있느니라.

참고 마원(馬援) : B.C. 11~A.D. 49. 후한(後漢)의 장군. 티벳족의 정벌, 남방 교지(南方交趾)의 반란 평정 및 흉노(匈奴) 토벌 등 많은 무공(武功)을 세웠으며, 복파장군(伏波將軍)에 임명되었다. 종신(終身) : 한평생 동안. 목숨을 다하기까지.

설명 이 글에서는 대구(對句)에 유의할 필요가 있다. 종신(終身)과 일일(一日)의 대(對)와 부족(不足)과 유여(有餘)의 대 등에서 강조하고 있는 선과, 억제하고 있는 악을 잘 살펴야 한다. 종신이란 몸을 마친다는 말인데 부족하다 했으니, 선행(善行)은 끝이 없이 좋은 일이니 항시 부족하다는 생각을 가져야 한다는 말이다.

우리는 흔히 나쁜 일을 할 때 '이 정도쯤이야 뭐가 대수인가' 하며 가벼이 생각하는 경우가 있다. 이처럼 가볍게 생각하는 데서 더 큰 악이 싹트게 마련이다. 그래서 하루라고 하는 극히 짧은 시간의 일이지만, 이것이 점점 더 큰 잘못을 가져오기 때문에 '여유가 있다[유여(有餘)]'는 말을 하게 되는 것이다. 앞의 글과 연계하여 이해해 보자.

終 끝날 종, 身 몸(자신) 신, 猶 오히려 유, 足 족할 족, 餘 남을 여.

繼善篇 6

司馬溫公이 **曰 積金以遺子孫**이라도 **未必子孫**이 **能盡守**요 **積書以遺子孫**이라도 **未必子孫**이 **能盡讀**이니 **不如積陰德於冥冥之中**하여 **以爲子孫之計也**니라.

사마온공 왈, 적금이유자손 미필자손 능진수 적서이유자손 미필자손 능진독 불여적음덕어명명지중 이위자손지계야

사마온공이 말하였다.

돈을 모아서 자손에게 물려주더라도 자손이 반드시 다 지킬 수 없을 것이고, 책을 모아서 자손에게 물려주더라도 자손이 반드시 다 읽을 수 없을 것이다. 차라리 남모르는 가운데 음덕(陰德)을 쌓아서 자손을 위한 계책을 삼느니만 같지 못하니라.

참고 사마온(司馬溫) : 1019~1086. 이름은 광(光), 자(字)는 군실(君實), 호는 우부(迂夫) 또는 우수(迂叟). 시호는 문정(文正)인데, 온국공(溫國公)에 봉하였기 때문에 흔히 사마온공(司馬溫公)으로 불린다. 북송(北宋)의 정치가이며 학자다. 「자치통감(資治通監)」의 저자. 음덕(陰德) : 숨은 덕.

설명 유형의 물질적 유산이 귀한 것이 아니라, 덕을 쌓아서 자손에게 물려주는 것이 귀하다는 말이다. 부모된 마음에는 누구나 자손에게 재산을 물려주고 싶은 것이다. 그러나 그 재산을 간직하지 못하고 그 재산 때문에 형제간에 불화가 생기는 경우를 흔히 볼 수가 있다. 그러니 덕을 쌓는 방법을 가르쳐주는 것만 못한 것이다. 덕을 쌓는다는 것은 올바른 몸가짐을 갖는 것이다.

積 쌓을 적. 遺 남길 유. 必 반드시 필. 能 능할 능. 盡 다할 진.
陰 응달 음. 德 덕 덕. 冥 어두울 명. 計 꾀 계.

繼善篇 7

景行錄에 **曰 恩義**를 **廣施**하라 **人生何處不相**
경 행 록 왈, 은 의 광 시 인 생 하 처 불 상

逢가 **讐怨**을 **莫結**하라 **路逢狹處**면 **難回避**니라.
봉 수 원 막 결 노 봉 협 처 난 회 피

「경행록」에 이르기를.

은혜로운 일과 올바른 일을 널리 시행하라. 사람살이가 어느 곳에서든 서로 만나지 않겠는가. 원수와 원한을 맺지 말라. 길 가다 좁은 곳에서 만나면 회피하기 어려우니라.

참고 경행록(景行錄) : 송(宋)나라 때의 책. 은의(恩義) : 은혜와 의리.
광시(廣施) : 널리 베풀다. 막결(莫結) : 맺지 말라. 협처(狹處) : 좁은 곳.

설명 남에게 은혜와 의리를 널리 베풀어서 좋은 일을 많이 하라. 사람이 어느 곳에 살아 있든지 서로 만나지 않을 수 있을까? 어느 곳인가에서 또 만나게 된다. 남에게 원수와 원한을 조금도 맺어서는 안 된다. 길이 좁아 피할 수 없는 곳에서 만나게 되면 피하기 어렵다.

우리는 받는 즐거움보다는 주는 즐거움을 느껴야 한다. 물질에 있어서도 그러하거늘 하물며 은혜로운 일이나 올바른 일을 남에게 베푼다는 즐거움은 더 말할 것도 없다. 인류의 평화를 위하여 박애주의를 제창한다. '박애(博愛)'가 무엇인가. 바로 '널리 사랑한다'는 말이다. '박시제중(博施濟衆)'이란 말이 있다. '널리 베풀고 대중을 구제한다'는 말이다. 사람마다 널리 은혜를 베풀겠다는 생각을 갖게 되면 그것이 바로 인류의 평화인 것이다. 널리 베푸는 이 마음으로 족한 것이다.

義 옳을 의, 廣 넓을 광, 施 베풀 시, 逢 만날 봉, 讐 원수 수,
怨 원망할 원, 狹 좁을 협, 難 어려울 난, 避 피할 피.

繼善篇 8

莊子曰 於我善者도 我亦善之하고 於我惡者도
장 자 왈, 어 아 선 자 아 역 선 지 어 아 악 자

我亦善之니라 我旣於人에 無惡이면 人能於我에
아 역 선 지 아 기 어 인 무 악 인 능 어 아

無惡哉인저.
무 악 재

장자가 말하였다.

나에게 착하게 하는 자에게도 내 또한 착하게 하고, 나에게 악하게 하는 자에게라도 나는 또한 착하게 할 것이다. 내가 이미 남에게 악하게 함이 없으면 남이 능히 나에게 악하게 하는 일이 없을 것이다.

참고 어아(於我) : 나에게, 어(於)는 밑의 말을 위로 올리는 작용을 하는 어조사(語助辭). 선자(善者) : 착하게 하는 이. 선지(善之) : 착하게 한다. 재(哉) : 어조사, 반어사다.

설명 나에게 선하게 하는 사람에게는 나 또한 선하게 하겠지만, 나에게 악하게 하는 사람에게조차 나는 선하게 할 것이다. 이렇게 내가 악하게 하지 않는데 어찌 남이 나에게 악할 수 있겠는가?

나의 행위는 내가 주체이며, 남이 하는 일은 그가 하는 일이지 나의 의무와는 상관이 없는 것이다. 나의 행위적 의무가 착한 일을 하는 것이다. 악한 일을 하는 것은 원래 나의 행위에서는 있을 수가 없는 것이다. 동양 윤리의 기본은 인간이 선천적으로 선하다는 절대성을 인정한 뒤에 모든 윤리의 규범이 뒤따르는 것이다.

於 어조사 어, 亦 또 역, 旣 이미 기, 能 능할(능히) 능, 哉 어조사 재.

繼善篇 9

東岳聖帝垂訓에 **曰, 一日行善**이라도 **福雖未至**나 **禍自遠矣**요 **一日行惡**이라도 **禍雖未至**나 **福自遠矣**라 **行善之人**은 **如春園之草**하여 **不見其長**이라도 **日有所增**하고 **行惡之人**은 **如磨刀之石**하여 **不見其損**이라도 **日有所虧**니라.

동악성제수훈 왈, 일일행선 복수미지 화자원의 일일행악 화수미지 복자원의 행선지인 여춘원지초 불견기장 일유소증 행악지인 여마도지석 불견기손 일유소휴

동악성제(東岳聖帝) 「수훈(垂訓)」에 이르기를,

하루 착한 일을 했을지라도 복이 비록 곧 오는 것은 아니지만 재앙은 저절로 멀어질 것이요, 하루 악한 일을 했을지라도 재앙이 곧 오지는 않으나 복은 저절로 멀어질 것이다. 착한 일을 하는 사람은 봄날 정원의 풀과 같아서 자라는 것이 보이지 않지만 날마다 커가는 것이 있고, 악한 일을 하는 사람은 칼 가는 숫돌과 같아서 닳는 것은 보이지 않지만 날마다 이지러지는 것이 있을 것이니라.

참고 동악성제(東岳聖帝) : 도가(道家)에서 사람의 수명과 복록(福祿)을 맡는다고 하는 '태산부군(泰山府君)'의 다른 이름. 동악묘(東岳廟, 태산의 신을 모심)의 본존(本尊). 수훈(垂訓) : 훈계를 내림. 춘원(春園) : 봄 동산.

垂 드리울 수, 訓 가르칠 훈, 雖 비록 수, 未 아닐 미, 至 이를 지,
禍 재화 화, 如 같을 여, 園 동산 원, 其 그 기, 長 길(자라다) 장,
所 바 소, 增 더할 증, 磨 갈 마, 刀 칼 도, 損 덜 손, 虧 이지러질 휴.

繼善篇 10

子曰, 見善如不及하고 見不善如探湯하라.
자 왈, 견 선 여 불 급 견 불 선 여 탐 탕

공자께서 말씀하셨다.

착한 일을 보거든 따르지 못함을 애태우듯 하고, 착하지 않은 일을 보거든 끓는 물을 만지듯 피하라.

참고 탐탕(探湯) : 끓는 물을 손으로 만지는 것. 여불급(如不及) : 미치지 못하는 듯이. 견선(見善) : 선을 보다. 남이 선한 일 하는 것을 본다.

설명 남이 착한 일을 하는 것을 보고 나는 왜 저기에 따르지 못하는가 하고 애태우면 나도 모르는 사이에 착한 사람이 될 것이다. 남이 잘못하는 일을 보면 끓는 물에 손이 닿았을 때처럼 빨리 악의 뿌리마저 잘라버릴 생각을 해야 한다.

공자께서 말씀하셨다.

"세 사람이 함께 가면 반드시 나의 스승이 있다. 착한 이에게는 따르려 하고 착하지 않은 이에게는 경계로 삼아라."

及 미칠 급, 探 찾을 탐, 湯 물 끓을 탕.

천명편(天命篇)

하늘의 명에 정성을 다해 착하게 살라.

天命篇 1

孟子曰 順天者는 存하고 逆天者는 亡이니라.
맹 자 왈, 순 천 자 존 역 천 자 망

맹자께서 말씀하셨다.

하늘의 뜻을 따르는 자는 살아남고, 하늘의 뜻을 거스르는 사람은 망하느니라.

참고 맹자(孟子) : B.C. 372~289. 중국 전국시대(戰國時代)의 철인(哲人). 이름은 가(軻). 자는 자여(子輿) 또는 자거(子車). 산동성(山東省) 추현(鄒縣) 출생. 공자의 '인(仁)'의 사상을 발전시켜서 인의예지(仁義禮智)의 네 가지 덕이 인간의 본성이라 하여 '성선설(性善說)'을 주장하였음.

설명 '천명(天命)'은 하늘의 절대명령이다. 우주 천지간에 있는 자연 만물이나 혹은 하늘 땅 사이에서 일어나는 삼라만상의 현상이 다 천명에 의해서 생성 변화한다.

하늘의 뜻, 즉 천명(天命)을 순종(順從)하는 사람은 생존(生存)하게 되고, 천명을 거역(拒逆)하는 사람은 멸망하게 된다.

順 순할 순, 存 있을 존, 逆 거스를 역, 亡 망할 망.

天命篇 2

康節邵先生曰, 天聽이 寂無音하니 蒼蒼何處尋고 非高亦非遠이라 都只在人心이니라.

강절소선생왈, 천청 적무음 창창하처 심 비고역비원 도지재인심

강절 소선생이 말하였다.
하늘의 들으심이 고요하여 소리가 없으니,
푸르고 푸르건만 어디서 찾을까.
그것은 높지도 않고 멀지도 않다.
모두가 사람 마음속에 있느니라.

참고 강절 소선생(康節邵先生) : 1011~1077. 송(宋)나라 때 유학자(儒學者). 이름은 옹(雍), 자는 요부(堯夫), 강절(康節)은 그의 시호이다. 이정지(李挺之)에게 도가(道家)의 「도서선천상수(圖書先天象數)」의 학(學)을 배워 수리학설(數理學說)을 세우고, 이에 의하여 우주 자연의 원리를 설명하였다.
천청(天聽) : 하늘이 듣는 것. 적무음(寂無音) : 고요해서 소리가 없는 것.

설명 하늘은 자연 이치의 주재자이다. 이 주재자는 모든 것을 듣고 보고 있다. 그러나 듣는 기관(器官)인 귀가 어디 있으며 들을 수 있는 소리는 어디 있는가. 하늘의 실체는 저 푸른 허공뿐이다.

이 허공으로 둘러싸인 우주의 순간순간을 보면 동적으로 부단히 움직이고 있으나, 영겁으로 표현되는 무한의 시간 속에서는 움직임이 아닌 정적인 정지이다. 거기에는 고요하다는 표현이 오히려 적절할 것이다. 움직임으로 보면 소리가 있는 것이지만 정지로 보면 소리가 없는 것이다. 그러므로 이 시는 들리지 않는 이 자연의 이치의 소리를 듣자는 것이요, 그것이 높고 먼 곳에 있는 것이 아니라 바로 나의 마음속에 있고 거기서 듣자는 것이다.

聽 들을 청, 寂 고요할 적, 蒼 푸를 창, 尋 찾을 심, 都 모두 도, 只 다만 지.

天命篇 3

玄帝垂訓에 **曰 人間私語**라도 **天聽**은 **若雷**하고
현제수훈 왈, 인간사어 천청 약뢰

暗室欺心이라도 **神目**은 **如電**이니라.
암실기심 신목 여전

현제(玄帝)의 「수훈」에 이르기를,

사람들 사이에서 사사로이 은밀히 하는 말이라도 하늘은 우레처럼 크게 들리고, 어두운 방 안에서 자신의 마음을 속일지라도 신의 눈은 번갯불처럼 밝게 보이느니라.

참고 현제(玄帝) : 도교(道敎)에서 높이신 신. 천제(天帝). 사어(私語) : 사사로운 말. 개인적으로 하는 말. 약뢰(若雷) : 약(若)은 같다는 뜻으로써 우레와 같다. 기심(欺心) : 양심을 속이는 것.

설명 세상에는 비밀이 존재하지 않는다. 이것은 인간 사회에도 '비밀이란 영원히 묻힐 수 없어 언젠가는 알려진다'는 말이다. 이렇듯 인간 사회에도 비밀이 존재하지 않거늘 하물며 자연의 주재자에게야 속임이 있을 수 없음이 당연하다.

또한 모든 세상을 다 속일 수는 있어도 자신의 마음은 더더욱 속일 수가 없다. 마음 바르기가 가장 어렵다는 것이다. 마음이란 형상도 색깔도 냄새도 없는 것이다. 나 자신이 나의 마음을 볼 수도 없다. '마음이 무엇이냐, 어디에 있느냐?' 물어도 대답할 수 없다. 그러기에 이 마음을 통솔한다는 것이 가장 어려운 것이다. 나도 보이지 않는 마음이니 남이야 더더욱 볼 수 없는 것이요, 보이지 않는 것이니 속인다 한들 남이 알 수가 없다. 그러기에 자신이 자신의 마음을 속이지 않기가 아주 쉬울 것 같으면서도 가장 어려운 일이다.

私 사사 사, 語 말씀 어, 若 같을 약, 雷 우레 뢰, 暗 어두울 암, 室 집 실, 欺 속일 기, 神 귀신 신, 目 눈 목, 如 같을 여, 電 번개 전.

天命篇 4

益智書에 **云**하였으되,
익지서 운

惡鑵이 **若滿**이면 **天必誅之**니라.
악관 약만 천필주지

익지서(益智書)에 이르기를,

악한 그릇(나쁜 마음)이 가득해질 것 같으면 하늘이 반드시 벌하여 벨 것이니라.

참고 익지서(益智書) : 송(宋)나라 때 편찬한 교양에 관한 책. 악관(惡鑵) : 악한 마음의 비유. 주(誅) : 베어 죽인다는 뜻, 벌을 준다.

설명 「익지서」는 지혜를 더해주는 책이다. 지식이 모두 지혜가 될 수는 없다. 지식이 있어 지혜가 돋아날 수도 있다고 하겠지만, 지식이 지혜를 흐리게 할 수도 있다. 나에게 올바른 도움을 주는 배움은 지식의 축적이 아니라 지혜가 슬기로워지는 것이요, 슬기로움이란 내 마음이 맑아지는 것이 아닐까?

악관(惡鑵)은 악한 마음을 상징한 말이다. 관(鑵)은 '罐'과 같은 뜻으로, '두레박' '물 긷는 그릇'이다 여기에서는 악이 쌓여 넘치게 되니 벌이 따라오는 것은 당연하다.

云 이를(말할) 운, 鑵 두레박 관, 若 만약(혹시) 약, 滿 찰 만, 誅 벨 주.

天命篇 5

莊子曰, 若人이 **作不善**하여 **得顯名者**는 **人雖**
장자왈, 약인 작불선 득현명자 인수

不害나 **天必戮之**니라.
불해 천필륙지

장자(莊子)가 말하였다.

만일 사람이 선하지 못한 일로 세상에 이름을 드러낸 자는, 사람들이 비록 그를 해치지 않더라도 하늘이 반드시 죽일 것이니라.

참고 작불선(作不善) : 악을 행하다. 륙(戮) : 죽이다. 현명(顯名) : 이름을 드러내다. 육지(戮之) : 벌주고 멸하다.

설명 착한 사람이 인정받고 칭송되는 사회는 좋은 사회이고 반대로 악덕한 자가 득세하고 잘사는 사회는 악한 사회이다. 타락한 정치사회에서는 현실적으로 간악한 인간, 무력을 휘두르는 악한들이 남을 살상하고 남의 재물을 탈취하고, 잘살며 권력을 누리고 있다. 한편 양심적이고 착하고 정직한 사람은 악에 눌려, 고통을 받는다. 그뿐만 아니라 선량한 사람들은 악덕한 권력자를 심판도 못하고, 처단하지도 못한다. 그러나 결국 악은 망하고 선이 흥한다. 그것이 하늘의 심판이고 인류 역사의 흐름이다.

若 같을 약, 作 지을 작, 得 얻을 득, 顯 나타날 현, 雖 비록 수, 害 해칠 해.

天命篇 6

種瓜得瓜하고 **種豆得豆**니 **天網**이 **恢恢**하여 **疎而不漏**니라.
(종과득과 종두득두 천망 회회 소이불루)

오이를 심으면 오이를 얻고, 콩을 심으면 콩을 얻으니, 하늘의 그물은 넓고 넓어서 성글기는 하나 새지 않느니라.

참고 회회(恢恢) : 크고 넓다. 불루(不漏) : 새거나 빠뜨리지 않는다.

설명 종자와 열매, 인과의 법칙을 설명한 것이다. 사람은 누구나 결과에 대한 기대가 크기 때문에 자신이 한 일보다 돌아오는 몫이 적게 느껴지지만, 결코 그러한 것이 아니다. 무슨 일이나 자기가 뿌린 씨와 가꾼 노력만큼의 열매를 거두는 것이다.

선에는 선과(善果)가 여물고 악에는 악과(惡果)가 여물게 마련이다. 그것이 하늘의 도리이다. 또 하늘의 법망(法網)은 절대로 악을 놓치거나 빠뜨리지 않는다. 항상 하늘 무서운 줄 알고 하늘의 도리를 따라 살아야 한다.

種 씨(심다) 종, 瓜 오이 과, 得 얻을 득, 豆 콩 두, 網 그물 망,
恢 넓을 회, 疎 사이트일(성글) 소, 漏 샐 루.

天命篇 7

子曰 獲罪於天이면 無所禱也니라.
자 왈, 획 죄 어 천 무 소 도 야

공자께서 말씀하셨다.
(나쁜 일을 하여) 하늘에 죄를 지으면 빌 곳이 없느니라.

참고 어천(於天) : 하늘에 대하여.
무소도(無所禱) : 빌 곳이 없다. 호소할 데가 없다.

설명 하늘은 창조주이자 동시에 섭리의 주재자이다. 또 하늘의 도리는 절대선의 도리이다. 그러한 하늘과 하늘의 도리를 어기고 죄를 짓는다면 어디에 대고 용서를 빌 것인가? 죄를 짓는다는 것은 따지고 보면 이치에 어긋난 일을 하는 것이다. 인위적인 조직에서 어긋난 일로 죄가 됐다면 그 인위조직에 잘못이 있을 수도 있으니 호소할 수도 있고, 그 조직 내에서 용서를 구할 수가 있지만 자연법칙의 천도에 어긋난 죄는 빌 대상이 없다.

獲 얻을 획, 罪 허물 죄, 所 바 소, 禱 빌 도.

순명편(順命篇)

하늘의 명에 따르고 순종하라.

順命篇 1

子曰, 死生이 有命이요 富貴는 在天이니라.
자 왈, 사 생 유 명 부 귀 재 천

공자께서 말씀하셨다.

죽고 사는 것은 명에 있고, 부자가 되고 귀하게 되는 것은 하늘에 달려 있느니라.

참고 순명(順命) : 하늘의 명을 따르고 순종해야 한다. 절대자인 하늘과 하늘의 도리를 터득하고 따라야 함을 강조한다.

설명 여기에서는 명(命)과 천(天)에 대한 개념이 분명해야 한다.

명(命)이란 운명(運命)이니 사람의 수명과 같은 뜻으로 이해된다. 곧 사람의 능력 밖의 것으로, 사람으로서 조절할 수 없는 것을 말한다.

하늘이란 자연의 순수한 이치일 수밖에 없다.

하늘이 내려준 생명을 소중히 여기고 하늘의 뜻에 합당하게 삶을 살아야 한다. 부귀도 하늘에 의해 주어진다. 하늘의 도리를 따라 부지런히 생산하고 절약하고 또 국가를 위해 공을 세우면 부귀가 따른다.

여기서 하늘이라 한 것은 순리대로 이루어진다는 뜻으로 이해해야 한다. 무리하게 갈구하면 본성인 천리를 해치기 때문이다.

死 죽을 사, 命 목숨 명, 富 부자(가멸) 부, 貴 귀할 귀, 在 있을 재.

順命篇 2

萬事가 分已定이어늘 浮生이 空自忙이니라.
만사 분이정 부생 공자망

모든 일은 분수(分數)가 이미 정해져 있는데, 덧없는 인생은 부질없이 스스로 바쁘게 움직이느니라.

참고 분이정(分已定) : 분수(分數)가 이미 정해져 있다.
공자망(空自忙) : 부질없이 바쁘게 수선부리고 안달을 떤다.

설명 이 글은 자칫 운수에 맡기고 노력하지 않는 논리로 잘못 이해하기 쉽다. 분수에 넘쳐 공연히 바삐 움직이는 어리석음을 경계한 말임에 유의해야 한다.

삶을 좀 더 초연한 자세에서 욕심부리지 않고 차근차근 처리해 가라는 뜻으로 파악해야 한다.

萬 일만 만, 事 일 사, 定 정할 정, 浮 뜰 부, 空 빌 공, 忙 바쁠 망.

順命篇 3

景行錄에 云하였으되,
경행록 운

禍不可倖免이요 福은 不可再求니라.
화불가행면 복 불가재구

「경행록(景行錄)」에 이르기를,

하늘이 내리는 재앙을 요행으로 면할 수 없고, 하늘이 내리는 복 또한 두 번 다시 구하려고 하지 말지니라.

참고 행면(倖免) : 요행으로 면하다. 재구(再求) : 다시 구하는 것.

설명 하늘의 심판은 준엄하다. 악한 자에게 내리는 하늘의 벌을 인간의 꾀나 요행으로는 면할 수 없다. 동시에 한번 선행을 하고, 하늘로부터 상복(賞福)을 받았다고 계속해서 복을 기대하면 안 된다. 복을 받으려면 더욱 선행을 해야 한다.

복 받을 일도 내가 행하는 일에 따라오는 것이니, 복이 오고 안 오는 것을 생각할 것이 아니라 바른 일을 하면 그 결과에 따라 당연히 복이 오는 것으로 믿어야 할 것이다.

이 글의 주제는 재앙이나 복을 억지로 면하려 하거나 구하려 하지 말고 순리대로 따르라는 것이다.

禍 재화 화, 倖 요행 행, 免 면할 면, 福 복 복, 再 두 재, 求 구할 구.

順命篇 4

時來(시래)면 風送滕王閣(풍송등왕각)이요 運退(운퇴)면 雷轟薦福碑(뇌굉천복비)라.

때가 오니 바람이(왕발을) 등왕각으로 불고, 운수가 물러가면 벼락이 천복비에 떨어졌느니라.

참고 왕발(王勃) : 당(唐)나라 때 시인. 자는 자안(子安), 「등왕각 서(滕王閣序)」를 지어서 문명(文名)이 세상에 널리 알려졌음. 등왕각(滕王閣) : 양자강 유역 남창(南昌)에 있는 누각. 천복비(薦福碑) : 강서성 천복사에 있던 비(碑). 원나라 때 마치원(馬致遠)이 세운 것이라는 설도 있고, 당나라 때 세워지고 구양순(歐陽詢)이 비문을 썼다는 설도 있다.

설명 등왕각의 낙성을 기념하는 글짓기 대회에 7백 리 길을 하루에 당도케 했다는 고사이다. 당나라 때 도독(都督) 염백서(閻伯嶼)가 남창(南昌)에

다 '등왕각(滕王閣)'이라는 정자를 세우고 낙성식(落成式) 축하연 자리에서 서문(序文)을 짓게 하여 그의 사위 자랑을 하려 했다.

이때 왕발(王勃)은 동정호(洞庭湖) 부근에 있었는데, 남창과의 거리가 7백 리나 되었다. 등왕각의 낙성식 날이 9월 9일인데 7일 밤 꿈에 어떤 백발노인이 나타나서 9월 9일 남창에서 베풀어지는 등왕각 낙성연에 참석하여 등왕각 서문을 지으라는 것이다. 왕발이 꿈을 깨어 생각해 보니 하루 사이에 7백 리를 간다는 것은 도저히 있을 수 없는 일이었다.

그러나 너무도 생생한 현몽이기 때문에 시험 삼아 배에 올라 보았다. 바람이 어찌나 순풍이며 빨랐던지 9월 8일 하룻밤 만에 7백 리를 달려 그날 밤으로 남창에 도달하였다. 왕발은 9월 9일 낙성연에서 그 천하의 문장, 등왕각서를 써서 사위이 글자랑을 하려 했던 염백서를 무색케 했을 뿐만 아니라 한세상을 경동(驚動)시켰으며, 길이 후세 사람들에게 회자(膾炙)되고 있다.

당시 왕발의 나이가 14세라는 데서 더욱 사람들을 놀라게 했던 것이다.

雷 우레 뢰, 轟 울릴 굉, 薦 천거할 천, 福 복 복, 碑 돌기둥 비.

順命篇 5

列子曰, 癡聾痼瘂도 家豪富요 智慧聰明도 却受貧이라 年月日時該載定하니 算來由命不由人이니라.
열자왈, 치농고아 가호부 지혜총명 각수빈 년월일시해재정 산래유명불유인

열자가 말하였다.

어리석고 귀먹고 고질병에 벙어리라도 집은 호화롭고 부자요, 지혜롭고 총명한 자라도 오히려 가난함을 받느니라. (운수는) 타고난 연월일시에 따라 이미 정해져 있으니, 따지고 보면

운명에 따르는 것이지 사람에게서 연유됨이 아니느니라.

참고 열자(列子) : 이름은 어구(御寇), 전국시대의 노나라 사람. 사상적으로 도가(道家)에 속하여 충허진인(沖墟眞人), 지덕충허진인(至德沖虛眞人) 등의 칭호가 있음. 열어구(列禦寇)의 학설을 그의 문인들이 천서(天瑞) · 황제(黃帝) · 주목왕(周穆王) · 중니(仲尼) · 탕문(湯問) · 방명(方命) · 양주(楊朱) · 설부(說符) 등 8편으로 나누어 기술하였으며, 「열자(列子)」라고 부름.

설명 우리의 전래적 운명론에 사주(四柱) 팔자(八字)라는 말이 있다. '하늘의 운세와 때를 잘 타고나야 부귀영화를 누릴 수 있다'고 생각했다.

사주(四柱)란 생년월일시를 말한다. 팔자는 이 연월일시를 육십갑자(六十甲子)로 표시한 간지(干支)의 여덟 글자를 말한다.

이 운명론은 사람은 태어나는 순간 자신의 운명이 결정된다고 생각한 것이다.

그러나 운명이란 선험적으로 결정지을 것이 아니라 본인의 처지와 노력에 따라 그 운명의 물줄기를 돌려놓을 수 있는 것으로 이해해야 한다.

癡 어리석을 치, 聾 귀머거리 롱, 痼 고질 고, 瘂 벙어리 아, 豪 호걸 호,
慧 슬기로울 혜, 聰 귀 밝을 총, 却 도리어 각, 該 그 해, 載 실을 재.

효행편(孝行篇)

어버이에게 감사하고 보답하라.

孝行篇 1

詩에 曰, 父兮生我하시고 母兮鞠我하시니
시 왈, 부 혜 생 아 모 혜 국 아

哀哀父母여 生我劬勞하셨다.
애 애 부 모 생 아 구 로

欲報深恩인대 昊天罔極이로다.
욕 보 심 은 호 천 망 극

「시경(詩經)」에 이르기를,

아버지시여 나를 낳으시고, 어머니시여 나를 기르시니, 슬프고 애달프다! 부모님이시여! 나를 낳아 기르시기에 애쓰셨도다. 그 깊은 은혜 갚고자 하면 저 높은 하늘과 같이 끝이 없음이로다.

참고 시경(詩經) : 주(周)나라 초부터 춘추시대까지의 시 331편을 수록함. 오경의 하나. 구로(劬勞) : 애쓰고 수고하다. 망극(罔極) : 끝이 없다.

설명 부모의 은혜는 하늘처럼 크고 높기만 하다. 부모님의 은공에 보답해야 한다. '나무가 조용하려 해도 바람이 멎지 않고, 자식이 봉양하려해도 어버이 기다리시지 않네(樹欲靜而風不止 子欲養而親不待)'하였다.

鞠 기를 국, 哀 슬플 애, 報 갚을 보, 昊 하늘 호, 罔 없을 망, 極 다할 극.

孝行篇 2

子曰, 孝子之事親也에 居則致其敬하고 養則致其樂하고 病則致其憂하고 喪則致其哀하며 祭則致其嚴이니라.

자왈, 효자지사친야 거즉치기경 양즉치기락 병즉치기우 상즉치기애 제즉치기엄

공자께서 말씀하셨다.

효자로서 어버이를 섬김에 있어서는 평상시에는 공경하는 마음을 다 바치고, 봉양함에 있어서는 즐겁게 해드릴 마음을 다하며, 병이 나시면 진정으로 우려하고, 상례를 치를 때에는 슬픔을 다하며, 제사 지낼 때는 엄숙한 마음을 다하느니라.

참고 사친(事親) : 어버이를 섬기다. 거(居) : 거처나 기거(起居)하는 것. 치기경(致其敬) : 공경을 다하다.

설명 공자께서 말씀하시기를 '효도에는 세 가지 방법이 있는데 음식의 봉양이 가장 낮은 차원이고, 부모의 뜻에 따르는 봉양이 가장 높은 차원의 효'라 하였다. 이것이 바로 즐거움으로 보양하는 것이다.

병이 나시면 어떻게 고쳐드려야 할까 하고 항시 걱정하며 나으시도록 노력해야 하며, 제사 때는 어버이가 그 자리에 살아계신 것같이 엄숙한 마음을 가져야 하는 것이다.

효의 요체는 살아계실 때는 어떻게 하든 부모의 마음을 즐겁게 하는 일이요, 돌아가셨을 때는 항시 마음속에 내 부모를 모시고 있는 것이다.

親 어버이 친, 致 극진히 할 치, 敬 공경할 경, 養 기를 양, 樂 즐길 락, 病 병 병, 憂 근심할 우, 喪 죽을 상, 祭 제사 제, 嚴 엄할 엄.

孝行篇 3

子曰, 父母在어시든 不遠遊하며 遊必有方이니라.
자 왈, 부 모 재 　 불 원 유 　 유 필 유 방

공자께서 말씀하셨다.

부모가 살아계시면 집을 멀리 떠나 나돌지 아니하며, 집을 떠나 나돌더라도 반드시 일정한 장소에 있어야 하느니라.

참고 원유(遠遊) : 집을 떠나 먼 곳으로 여행하다.
방(方) : 행방이나 행선지를 부모님께 알리다.

설명 정성으로 부모님을 봉양함은 적극적인 효도이다. 부모님에게 근심 걱정을 안 끼치고 마음을 안락하게 해 올리는 것도 효도이다. 먼 곳으로 여행 갈 때는 행방과 행선지를 알려야 한다. 그래야 긴급할 때 연락이 닿고, 자식이 고향집에 달려와서 일처리를 할 수 있다.

부모의 마음은 언제나 자식이 곁에 있기를 바란다. 또 곁을 떠나면 곧 돌아오기를 기다린다.

어느 시골에서 이런 일이 있었다.

환갑이 지난 아들이 외출했다가 늦게까지 돌아오지 않으니, 80세가 넘은 아버지가 동구 밖에 나와 기다리고 있었다. 지나던 사람이 80노인이 동구 밖에까지 나와 있는 것이 이상하여 왜 나와 계시냐고 물으니 이 노인의 대답은 간단하였다.

"우리 아이가 밖에 나가서 아직 안 돌아왔어."

60세가 넘은 아들도 아직 미덥지 않아 하며 걱정하는 것이 부모의 심정이다.

객지에 나간 아들을 기다리는 심정을 '의려지망(倚閭之望)'이라 한다. 문간에 기대어 기다린다는 뜻이다.

在 있을 재, 遠 멀 원, 遊 놀 유, 方 모 방.

孝行篇 4

子曰, 父命召어시든 唯而不諾하고 食在口면 則吐之니라.
자 왈, 부 명 소 유 이 불 낙 식 재 구 즉 토 지

공자께서 말씀하셨다.

아버지께서 부르시거든 '예'하고 즉시 대답하고 머뭇거리지 말며 음식물이 입에 있거든 뱉고 달려갈 것이니라.

참고 유이불낙(唯而不諾) : '예'하고 대답하고 지체하지 않고 즉시 달려가다.
토지(吐之) : 토해 내다. 뱉다.

설명 자식이 진정으로 부모를 존경하고 부모님의 은혜에 보답하려는 마음이 있어야 여러 가지 효행을 실천할 수 있다.

아버지의 명령에는 '예'하고 순종하는 대답만 하면 곧 시행해야 한다. 낙(諾)은 명령에 대하여 '알았습니다' 한다든가, '하겠습니다' 한다든가 하는 대꾸의 대답을 의미한다. 아버지의 부르심이나 명령에는 '예'라는 절대적 순종 밖에는 다른 대답이 있을 수 없는 것이다.

命 명령 **명**, 召 부를 **소**, 唯 대답할 **유**, 諾 대답할 **낙**, 吐 토할 **토**.

孝行篇 5

太公이 曰, 孝於親이면 子亦孝之하나니 身旣不孝면 子何孝焉이리오.
태 공 왈, 효 어 친 자 역 효 지 신 기 불 효 자 하 효 언

태공이 말하였다.

자신이 어버이에게 효도하면 내 자식이 또한 나에게 효도하나니, 자신이 이미 어버이에게 불효했다면 자식이 어찌 나에게 효도하리오.

참고 효어친(孝於親) : 부모에게 효도하다.
자하효언(子何孝焉) : 자식인들 어찌 나에게 효도를 하랴.

설명 어버이께 효도하는 것은 자신의 의무이다. 자식으로서 당연한 일이다. 내 자식이 나에게 효도하는 것은 자식의 의무로서 하는 것이지 내가 어버이에게 효도했으니 그 대가로 받는 것은 아니다.

가정에서 효도 교육을 해야 한다. 내가 먼저 부모에게 효도하면 자식인들 그를 본받고 효도할 것이다.

亦 또 역, 身 몸(자신) 신, 旣 이미 기, 何 어찌 하.

孝行篇 6

孝順(효순)은 **還生孝順子**(환생효순자)요 **忤逆**(오역)은 **還生忤逆子**(환생오역자)하나니 **不信**(불신)커든 **但看簷頭水**(단간첨두수)하라 **點點滴滴不差移**(점점적적불차이)니라.

부모에게 효도하고 순종하는 이는 또한 효도하고 순종하는 자식을 낳을 것이요, 부모에게 거스르고 거역하는 이는 또한 거스르고 거역하는 자식을 낳는다. 믿어지지 않거든 처마 끝의 낙수를 보라. 방울방울 떨어지는 것이 조금도 어긋남이 없느니라.

참고 효순(孝順) : 부모에게 효도하고 순종하는 것. 환(還) : 또한, 오히려. 오역(忤逆) : 패역(悖逆), 또는 반역(反逆). 불차이(不差移) : 위치가 틀리지 않다. 같은 자리에 물방울이 떨어지다.

설명 효(孝)는 본받을 효(效)와 같이 쓰인다. '본받고 따른다'의 뜻이 있다. 여기에서는 가정교육의 중요성을 가르친다. 아버지 자신이 부모에게 효도하면 자식들도 본받고 나에게 효도 할 것이다. 반대로 내가 부모에게 효도하지 않고 늙은 부모를 서글프게 하면, 장차 자식들도 나에게 불효하고 나를 서글프게 할 것이다.

효의 깊은 뜻은 선조나 부모의 이상을 계승하고 집안의 사업을 더욱 발전시킴이다. 자자손손 이어가면서 가문과 가업을 계승 발전케 하고 집안을 더욱 흥성케 하는 것이 효도 효행이다.

忤 거스를 오, 逆 거스를 역, 簷 처마 첨, 點 점 점, 滴 물방울 적.

정기편(正己篇)

나를 바르게 하여 하늘과 하나되게 하라.

正己篇 1

性理書에 **云**하였으되,
성리서 운

見人之善이어든 **而尋己之善**하고 **見人之惡**이어든
견인지선 이심기지선 견인지악

而尋己之惡이니 **如此**라야 **方是有益**이니라.
이심기지악 여차 방시유익

「성리서(性理書)」에 이르기를,

남의 착한 일을 보거든 나의 착한 일을 찾고, 남의 악한 일을 보거든 나의 악한 일을 찾을 것이니, 이와 같이 하여야 바야흐로 유익함이 있느니라.

참고 정기(正己) : 자기의 마음이나 행실을 바르게 하다. 正은 一과 止. 곧 만물을 창조하고 섭리하는 하늘, 하늘의 도리를 뜻한다. 「성리서(性理書)」 : 성리학에 관한 서적인 대학(大學), 중용(中庸), 논어(論語), 맹자(孟子) 등.

설명 다른 사람의 선한 것을 보았을 때는 자기에게 그와 같은 선이 있는가를 돌이켜보고, 그와 같은 선이 없을 때는 그것을 본받아서 자기의 선으로 만들어야 한다. 다른 사람의 악한 것을 보았을 때는 자기에게 그와 같은 악이 있는가, 없는가를 돌이켜보고 자기에게 그와 같은 악이 있다면 이를 버려야만 한다.

尋 찾을 심. 如 같을 여. 此 이 차. 是 옳을 시. 益 더할 익.

正己篇 2

景行錄에 **云**하였으되,
경행록 운

大丈夫는 **當容人**이언정 **無爲人所容**이니라.
대장부 당용인 무위인소용

「경행록」에 이르기를,

대장부는 마땅히 남을 용서하는 일이 있을지언정 남에게 용서받는 일은 없어야 하느니라.

참고 용(容) : 용납한다. 용서한다. 대장부(大丈夫) : 훌륭한 남자.

설명 대장부란 정당한 행동을 당당하게 하는 사람이다. 나의 행동이 정당한 사람은 남의 잘못에 대해서는 너그러울 수가 있다. 그러므로 남의 잘못을 용서하여 그로 하여금 스스로 뉘우쳐 선한 곳으로 되돌아오게 하는 것이다.

「사기(史記)」에 다음과 같은 말이 있다.

염파(廉頗)는 조(趙)나라 장군인 동시에, 제(齊)나라를 쳐서 이긴 공으로 조나라 재상의 자리에 올라 명성을 떨쳤다. 때마침 인상여(藺相如)도 같은 재상으로서 염파 장군의 윗자리에 있었으나 염파는 그를 몹시 마땅치 않게 여겨 인상여를 만나려 하지 않았다.

이것을 본 인상여의 하인이 몹시 불쾌하게 여겼을 때 인상여는,

"저 강대한 진(秦)나라가 우리 조나라를 감히 침입하지 못하는 것은 오직 우리들 두 사람이 있기 때문이다. 만일 우리 두 사람이 싸웠다가 한 사람이 죽거나 상처를 입게 된다면 이 조나라를 누가 지키겠단 말이냐? 내가 염파 장군을 피하는 것은 나랏일을 먼저 생각하고 사사로운 일은 뒤로 미루기 때문이다."

이 말을 들은 염파는 크게 뉘우쳐 인상여 집으로 찾아와 정중히 사과했다.

當 당할(마땅히) 당. 無 없을(~하지 마라) 무. 所 바 소.

正己篇 3

太公이 曰, 勿以貴己而賤人하고 勿以自大而蔑小하고 勿以恃勇而輕敵하라.
태공 왈, 물이귀기이천인 물이자대이멸소 물이시용이경적

태공이 말하였다.
나를 귀하게 여겨 남을 천히 보지 말고, 자신을 크다 여겨 남을 작게 멸시하지 말고, 나의 용기를 믿고서 적을 가벼이 보지 말라.

참고 귀기(貴己) : 자기를 귀히 여긴다. 멸소(蔑小) : 작은 것을 업신여기다.
경적(輕敵) : 적(敵)을 가볍게 보다.

설명 '곡식의 이삭은 여물수록 고개가 더 숙는다.' 자신의 지위나 재물이 많을수록 더 겸손해야 한다는 교훈으로 이용된 말이다.
겸손은 자신의 덕을 기르는 길이요, 교만은 자신을 패망의 길로 이끄는 독소이다. 내 지위가 높아지고 재물이 많아지면 남에게 주시의 대상이 되기 마련이다. 곡식의 이삭처럼 머리를 숙이는 자세를 유지하지 않으면 교만하다는 질시의 눈초리를 받게 되는 것이다.

賤 천할 천, 蔑 업신여길 멸, 恃 믿을 시, 勇 날쌜 용, 輕 가벼울 경.

正己篇 4

馬援曰, 聞人之過失이어든 如聞父母之名하여 耳可得聞이언정 口不可言也니라.
마원왈, 문인지과실 여문부모지명 이가득문 구불가언야

마원(馬援)이 말하였다.

남의 허물을 듣거든 내 부모의 이름을 들은 듯이 하여 귀로는 들을지언정 입으로는 말하지 말지니라.

참고 과실(過失) : 허물. 여문부모지명(如聞父母之名) : 부모의 이름을 듣는 것과 같이 한다. 부모의 이름을 부르는 것을 듣기는 해도 자신의 입으로 부르지는 못한다.

설명 아들이 부모의 이름을 부르지 못하듯이 남의 과오에 대한 이야기는 하지 말라는 뜻이다. 남의 과오에 대한 이야기는 하기 쉽지만 돌이켜 보면 나에게도 그만한 과오는 있을 수 있고, 또 남이 나의 허물을 말하여 듣기 싫었다 하면 남도 자신의 과오를 말할 때 듣기 좋을 리가 없다.

흔히 사람들은 자기 허물은 덮어두고, 남의 허물을 필요 이상으로 들추어내고 과장해서 말한다. 설혹 나에게 대고, 다른 사람이 남을 욕하는 소리를 하는 수가 있는데, 그때에 나는 어쩔 수 없이 욕하는 소리를 귀로 듣게 마련이다. 그러나 나 자신은 절대로 나의 입으로 남을 욕하는 소리는 하지 말아야 한다.

得 얻을(깨달을) 득, 聞 들을 문.

正己篇 5

康節邵先生이 曰, 聞人之謗이라도 未嘗怒하며
강절소선생 왈, 문인지방 미상노

聞人之譽라도 未嘗喜하며 聞人之惡이라도 未嘗
문인지예 미상희 문인지악 미상

和하며 聞人之善이면 則就而和之하고 又從而喜
화 문인지선 즉취이화지 우종이희

之니라 其詩曰 樂見善人하고 樂聞善事하며 樂
지 기시왈 낙견선인 낙문선사 낙

道善言하고 樂行善意하라 聞人之惡이어든 如負
도선언 낙행선의 문인지악 여부

芒刺하고 聞人之善이어든 如佩蘭蕙니라.
망자 문인지선 여패난혜

강절 소선생이 말하였다.

남이 나를 훼방하는 말을 듣더라도 성내지 말며, 남이 나를 칭찬하는 말을 듣더라도 기뻐하지 말며, 남의 악행을 들어도 이에 동조하지 말며, 남의 선행을 듣거든 함께 나아가 어울리고 또 따라 기뻐할지니라.

또 시(詩)에 이렇게 말하였다.

착한 사람 보기를 즐거워하고
착한 일 듣기를 즐거워하며
착한 말하기를 즐거워하고
착한 뜻 행하기를 즐거워하라.
남의 허물을 듣거든
가시를 등에 진 듯이 껄끄럽게 여기고,
남의 착함을 듣거든
난초와 혜초를 몸에 지닌 듯이 여겨라.

참고 방(謗) : 비방, 즉 나쁘다고 비평하는 소리. 미상노(未嘗怒) : 전혀 성내지 않는다. 예(譽) : 칭찬하는 말. 화(和) : 함께 어울려 흉을 보거나 욕을 하다. 부화뇌동(附和雷同)하는 것. 종(從) : 따라서. 난혜(蘭蕙) : 난초(蘭草)와 혜초(蕙草). 난초가 향기를 풍기듯이 군자는 덕을 주변 사람에게 풍겨야 한다는 뜻. 망자(芒刺) : 까끄라기와 가시 같은 것.

설명 우리는 흔히 남의 흠을 말하게 되는 경우가 많은데, 거기에 부화뇌동하여 마치 즐거운 듯이 어울리게 된다. 이렇듯 가벼이 처신하게 되면 나도 모르게 내 자신이 과오를 저지르게 되는 것이다.

남이 잘하는 일에 대해서는 칭찬하게 되는데, 그러면서 나도 저렇듯 착한 일을 하겠다는 마음가짐을 평소에 가져야 한다.

이러한 일들이 결코 남을 위해서 하는 일이 아니고 나 자신을 위해서 하는 일이다. 사람의 심리란 다 같은 일이라 하더라도 남을 위해서 한다고 생각하면 아주 어렵게 느껴진다. 그러나 다 같은 일이라도 나 자신을 위해서 한다고 생각하면 어렵게 느껴지지 않는다. 모든 일이 남을 위해서 하는 일이 아니라 남의 잘못을 듣고 가시를 등에 진 것과 같이 한다는 것도 바로 남의 잘못이 아닌 나의 마음을 괴롭히는 것이라는 생각이요, 남의 잘못을 들으면 난초를 간직한 듯 생각하는 것도 나의 마음에 기쁨을 갖자는 것이다.

곧, 남이 나를 비방하면 화를 내고, 남이 나를 칭찬하면 기뻐한다. 그러나 남의 칭찬함과 비방함에 놀아나는 것은 결국 나의 주체성이 확립되어 있지 않기 때문이다. 그리고 나의 착함을 듣게 되면 향기 나는 난초를 몸에 지닌 듯 좋아하라 했고, 남의 잘못(허물)을 듣게 되면 가시를 등에 진 듯이 껄끄럽게 여기라고 했다. 나와 더불어 남이 함께 바르고 착하게 행동해야 모든 사람이 어울려 사는 공동체가 바르고 착하게 된다. 나도 착하고 남들도 착하게 살아야 한다.

謗 헐뜯을 방, 未 아닐 미, 嘗 맛볼 상, 怒 성낼 노, 譽 기릴 예, 喜 기쁠 희, 和 화할 화, 善 착할 선, 就 이룰 취, 又 또 우, 從 좇을 종, 樂 즐길 락, 事 일 사, 道 말할 도, 意 뜻 의, 負 질 부, 芒 까끄라기 망, 刺 가시 자, 如 같을 여, 佩 찰 패, 蘭 난초 란, 蕙 혜초 혜.

正己篇 6

道吾善者는 是吾賊이요 道吾惡者는 是吾師니라.

(도오선자 시오적 도오악자 시오사)

나를 착하다고 말하여 주는 사람은 곧 내게 해로운 사람이요, 나를 나쁘다고 말하여 주는 사람은 곧 나의 스승이니라.

설명 아첨하는 사람은 결과적으로 나를 해치는 적이고, 반대로 잘못을 탓하는 사람이 나에게 도움을 주는 스승이라 하겠다. 여기서 도(道)는 말한다는 뜻이다. 나를 착하다고 말하는 사람은 나에게 교만한 마음을 생기게 할 소지가 되기 때문에 오히려 나를 해치는 결과가 되고, 나를 나쁘다고 하는 말은 처음 듣기에는 귀에 거슬리고 불쾌하게 느껴지겠지만, 이 말을 내가 잘 이해하여 나의 잘못을 고칠 계기가 된다면 그것이 바로 나의 스승이라는 말이다. 진정한 친구는 나의 잘못을 항시 일깨워 주는 친구요, 그것이 바로 나를 사랑하는 충고이다. 충고하는 말 자체가 진심으로 말해 준다는 뜻이다.

道 길(말하다) 도, 吾 나 오, 善 착할 선, 賊 도둑 적, 師 스승 사.

正己篇 7

太公이 曰, 勤爲無價之寶요 愼是護身之符니라.

태공 왈, 근위무가지보 신시호신지부

태공이 말하였다.

부지런함은 값이 없는(헤아릴 수 없는) 보배요, 조심함은 몸을 보호하는 부적(신표)이니라.

설명 부지런히 일해서 벌고 알뜰하게 저축하면 부(富)를 쌓을 수가 있다. 그리고 몸가짐을 항상 신중하게 하면 탈 없이 살 수 있다. '한 번 부지런하면 천하에 어려운 일이 없다(一勤天下無難事)'는 말이 있다. 우리가 무슨 일이나 이루어내지 못하는 것은 게으르기 때문이다.

'큰 부자는 하늘에 달렸지만, 조그만 부자는 부지런함에 있다(大富在天 小富在勤)'라는 말도 있다. 내가 일한 만큼의 대가를 바라는 것은 욕심이 아니다. 게으르면서 큰 결과를 바라는 것은 그것이 바로 지나친 욕심이다.

勤 부지런할 근, 寶 보배 보, 愼 삼갈 신, 護 보호할 호, 符 부신 부.

正己篇 8

景行錄에 曰 保生者는 寡慾하고 保身者는 避名
경행록 왈, 보생자 과욕 보신자 피명

이니 寡慾은 易나 無名은 難이니라.
과욕 이 무명 난

「경행록」에 이르기를,

삶을 잘 보전하려는 자는 욕심이 적고, 몸을 잘 보전하려는 자는 이름을 피해야 하니, 욕심을 없게 하기는 쉬우나 이름(명예) 없기는 어려우니라.

참고 보생(保生) : 삶을 잘 간직함. 과욕(寡慾) : 욕심을 적게 함.
피명(避名) : 명예를 얻거나 이름나기를 피함.
무명(無名) : 이름이나 공적을 나타내지 않음.

설명 명철보신(明哲保身, 총명하고 사리에 밝아 일을 잘 처리하여 몸을 잘 보전함)하기 위해서는 욕심을 줄이고 세속적인 명리(名利)에 집착하지 말아야 한다.

요(堯)임금이 자기의 뒤를 이을 어진 인물을 사방으로 구하던 중 기산(箕山)에 숨어 사는 허유(許由)라는 사람에게 나라를 맡아달라고 청하였다. 그러자 그는 영천(潁川) 개울가에 가 급히 냇물로 귀를 닦았다. 마침 그때 소에게 물을 먹이러 그곳에 왔던 소보(巢父)가 이 광경을 보고는 의아해서 물었다.

"아니 갑자기 귀는 왜 그렇게 요란하게 닦는가?"

소보도 역시 속세를 등지고 숨어 사는 은사였다. 허유는 자신이 당한 이야기를 소보에게 들려주었다. 그러자 소부는,

"아니 뭐라구? 에이! 그 더러운 귀 닦은 물을 하마터면 우리 소에게 먹일 뻔했군."

하고는 부랴부랴 냇물 상류를 향해서 급히 발길을 옮겼다.

保 지킬 보, 寡 적을 과, 避 피할 피, 易 쉬울 이, (바꿀 역), 難 어려울 난.

正己篇 9

子曰 君子有三戒하니 少之時엔 血氣未定이라 戒之在色하고 及其壯也하여는 血氣方剛이라 戒之在鬪하고 及其老也하여는 血氣旣衰라 戒之在得이니라.

자왈, 군자유삼계 소지시 혈기미정 계지재색 급기장야 혈기방강 계지재투 급기로야 혈기기쇠 계지재득

공자께서 말씀하셨다.

군자는 세 가지 경계할 것이 있으니, 어릴 적에는 혈기가 아직 성숙되지 않은지라 여색을 경계하고, 장성함에 이르러는 혈기가 바야흐로 강성하니 다툼을 경계하고, 몸이 늙음에 이르러서는 혈기가 이미 쇠한지라 탐욕을 경계해야 하느니라.

참고 계지재색(戒之在色) : 경계하는 것이 색에 있다. 방강(方剛) : 마냥 세차고 강하다. 득(得) : 재물이나 명예를 얻으려는 욕심.

설명 혈기라는 것은 사람의 기운을 말한다. 이 기운이 육신의 힘을 지탱하는 정신적 요소가 된다.

소년기에서 장년기를 넘어가는 과정은 이성을 이해하고 그에 따른 이끌림이 맹목적일 수가 있다. 장년이 되어 가면서 자신의 힘만 믿고 무리한 일에 욕심을 내게 되고 이 욕심이 뜻대로 되지 않으면 사회라고 하는 상대와 투쟁하려는 힘만 생기게 되기도 한다. 노년기에는 삶의 경험이 많으나 이미 기력이 쇠했기 때문에 뜻대로 되지 않는다.

戒 경계할 계, 血 피 혈, 氣 기운 기, 定 정할 정, 色 빛 색, 及 미칠 급, 壯 씩씩할 장, 剛 굳셀 강, 鬪 싸움 투, 旣 이미 기, 衰 쇠할 쇠.

正己篇 10

孫眞人養生銘에 **云**하였으되,
손진인양생명 운

怒甚偏傷氣요 **思多太損神**이라
노심편상기 사다태손신

神疲心易役이요 **氣弱病相因**이라
신피심이역 기약병상인

勿使悲歡極하고 **當令飮食均**하라
물사비환극 당령음식균

再三防夜醉하고 **第一戒晨嗔**하라.
재삼방야취 제일계신진

손진인(孫眞人)의 「양생명(養生銘)」에 이르기를,
노여움(성냄)이 심하면 기력을 상하고
생각이 번잡하면 정신을 크게 손상한다.
정신이 피로하면 마음이 쉽게 지치고
기력이 약하면 병이 따라서 생긴다.
슬픔과 즐거움에 지나치지 말고
마땅히 음식을 고르고 일정하게 하라.
밤에 술 취하는 일을 거듭 삼가고
새벽에 화내는 일을 제일(가장) 경계하라.

참고 손진인 양생명(孫眞人養生銘) : 손진인(孫眞人)이란 도가(道家)에 속하는 사람이다. 이름은 알려지지 않았음. 양생(養生)이란 몸과 마음을 건강하게 길러서 오래 살기를 꾀하는 것이니, 「양생명」이란 곧 양생하는 계명(戒銘)을 말한다. 명(銘) : 마음에 새기다. 노심(怒心) : 화를 심하게 내다. 사다(思多) : 잡된 생각이 많으면, 당령(當令) : 마땅히 ~하게 하다.

설명 노여움은 화나게 하는 원인이고, 화를 내면 혈압이 상승하게 되어 사리 분별을 어둡게 한다. 생각한다는 것은 좋은 일이기는 하지만 잡다한 생각을 정리하지 못하면 오히려 정신만 산만하게 된다. 깊이 생각하는 것과 잡다하게 생각하는 것은 차이가 있다. 하나의 이치를 깊이 생각하면 정신통일이 되어 깨달음의 경지까지 이를 수가 있지만, 산만하고 잡다한 생각은 정신을 어지럽게 한다.

정신이 어지러워 피로해지면 마음이 고달파진다. 마음이 고달프면 육신이 허약해지고 육신이 허약하면 원인 모를 병이 따라 생기게 된다. 이러한 일이 모두 기쁨이나 슬픔의 감정을 억제하지 못하여 일어나는 것이니 이 감정을 너무 끝까지 치닫게 하지 말아야 한다.

몸의 건강은 음식과 상관되는 일이요, 음식이 없으면 몸이 유지 안 되지만 무절제한 음식은 오히려 건강을 해친다. 술은 피의 순환을 부드럽게 하기도 하지만 취하면 이성을 잃고 몸을 피곤하게 한다. 저녁에 지나친 술은 몸의 휴식을 저해한다.

새벽부터 노여운 기분을 가지면 하루의 출발에 불쾌한 기분을 갖게 되기 때문에 하루의 생활이 계속 상쾌하지가 못하다. 즐거운 마음으로 하루를 시작해야 할 것이다.

怒 성낼 노, 甚 심할 심, 偏 치우칠 편, 傷 상처 상, 損 덜 손, 神 정신 신, 疲 지칠 피, 役 부릴 역, 弱 약할 약, 病 병 병, 相 서로 상, 因 인할 인, 悲 슬플 비, 歡 기뻐할 환, 極 다할 극, 當 마땅할 당, 令 영 령, 均 고를 균, 醉 취할 취, 第 차례 제, 戒 경계할 계, 晨 새벽 신, 嗔 성낼 진.

正己篇 11

景行錄에 曰,
경행록 왈

食淡精神爽이요 心淸夢寐安이니라.
식담정신상 심청몽매안

「경행록」에 이르기를,

음식이 담박하면 정신이 상쾌하고, 마음이 맑으면 꿈과 잠자리가 편안하니라.

참고 식담(食淡) : 먹는 것이 담박하다. 심청(心淸) : 마음이 맑다.

설명 요즘 웰빙 식이요법(食餌療法)이 유행처럼 번져 있다.

이는 바로 담박한 식생활을 하라는 것이다. 채식(菜食)을 많이 하라는 것도 그런 이유에서이다.

꿈은 생각이 잠에서 환상적으로 일어나는 것이다. 생각은 마음을 어지럽히니 마음이 맑다는 것은 생각을 잡다하지 않다는 말이 될 수도 있다. 꿈자리가 사나우면 정신의 피로로 낮에 하는 일에 불길한 징조가 되기도 한다. 꿈자리가 평온하다 함은 정신의 안정을 의미한다. 재물이나 권세에 대한 욕심을 억제해야 심성이나 정신이 안정되고 따라서 건강하고 안락한 삶을 이룰 수 있다.

淡 담박할 담, 精 정미 정, 爽 시원할 상, 夢 꿈 몽, 寐 잠잘 매.

正己篇 12

定心應物하면 雖不讀書라도 可以爲有德君子니라.

정심응물 수부독서 가이위유덕군자

마음을 안정되게 가져 사물에 대응해 간다면, 비록 책을 읽지 않았더라도 덕을 가진 군자라 할 수 있느니라.

참고 정심(定心) : 마음을 안정하는 것. 응물(應物) : 사물(事物)에 응하는 것. 군자(君子) : 학식과 덕행이 높은 사람.

설명 마음이 안정되었다 함은 사심이 없는 것이요, 사심이 없는 마음은 사리의 판단이 정확하다. 따라서 이러한 마음으로 사물을 대처해 가면 올바름에서 벗어나지 않을 것이다. 이런 사람이라면 비록 책을 많이 읽어 수양한 사람이 아니더라도 하는 일마다 바른길에서 어긋나지 않을 것이니 덕을 갖춘 사람일 것이요, 그런 사람을 일러 군자라 할 수 있는 것이다.

「대학(大學)」이란 책의 가르침에서 '격물치지(格物致知)'를 매우 중시하고 있는데, 이 격물이라는 말이 바로 사물을 정확히 대처한다는 뜻이다, 사물을 정확히 대처하면 앎이 분명하고, 앎이 분명하면 판단이 바르고, 판단이 바르면 남을 감복시킬 수가 있으니, 다른 사람에게 감복을 줄 수 있는 몸가짐이 바로 덕을 가지고 있는 것이다.

※ 격물치지(格物致知) : ① 주자학의 용어로, 사물의 이치를 연구하여 후천적인 지식을 명확히 함. ② 양명학의 용어로 의지가 존재하는바, 사물에 의해서 부정을 바로잡고 양지(良知)를 닦음. ③ 「대학」의 용어로 실제 사물의 이치를 연구하여 지식을 완전하게 함.

定 정할 정, 心 마음 심, 應 응할 응, 物 만물 물, 雖 비록 수, 讀 읽을 독, 書 글 서, 爲 할 위, 有 있을 유, 德 덕 덕.

正己篇 13

近思錄에 云하였으되,
(근사록 운)

懲忿을 如救火하고 窒慾을 如防水하라.
(징분 여구화 질욕 여방수)

「근사록」에 이르기를,

분심(忿心) 누르기를 불 끄듯이 하고, 욕심 막기를 새는 물구멍 막듯이 하라.

참고 근사록(近思錄) : 송(宋)나라 때 주자와 그의 제자 여조겸(呂祖謙)이 함께 지은 책. 사람이 교양을 높이고 처세를 바르게 하며 양생(養生)을 하는

데 있어서 필요한 금언(金言) 622조목을 추려내어 14부(部)로 분류한 것이다. 징분(懲忿) : 분한 마음을 일으키지 않도록 하는 것.

설명 가슴 속의 불이 바로 분(忿)이다. 불을 끄듯이 분을 눌러야 파멸하지 않는다. 한편, 홍수처럼 넘치면 걷잡을 수 없는 것이 욕심이다. 욕심을 잘 제어해야 패가망신하지 않는다. 감정이나 욕심을 억제하는 것이 곧 자기 제어라고 한다.

욕심은 잘 보이지 않는다. 그러나 그것이 나오기 시작하면 한이 없다. 구멍이 아무리 작아도 물은 스며 나오고 계속 이어진다. 그러므로 처음 새어 나오는 구멍을 작다 하여 내버려두면 물은 끝내 다 새어 나오고야 만다. 욕심도 똑같아서 처음부터 막아버려야 한다.

懲 징계할 징, 忿 성낼 분, 如 같을 여, 救 건질 구, 窒 막을 질,
慾 욕심 욕, 防 둑(막다) 방.

正己篇 14

夷堅志(이견지)에 云(운)하였으되, 避色(피색)을 如避讐(여피수)하고 避風(피풍)을 如避箭(여피전)하며 莫喫空心茶(막끽공심다)하고 少食中夜飯(소식중야반)하라.

「이견지」에 이르기를,

여색(女色) 피하기를 원수 피하듯이 하고, 바람 피하기를 화살 피하듯이 하며, 빈 속에 차를 마시지 말고, 밤중에 밥을 가볍게 들어라.

참고 이견지(夷堅志) : 송(宋)나라 때 홍매(洪邁)가 엮은 설화집. 송나라 초기부터 그가 살아 있던 당시까지의 민간에서 일어난 이상한 사건이나 괴담(怪談)을 모은 책으로써, 모두 420권이었으나 약 절반만이 후세에 전해짐.

공심(空心) : 빈 속. 끽(喫) : 먹는다, 또는 마신다.

설명 이성의 교제가 남녀 간의 생리적 필수이기는 하지만, 이 이성에 매혹되면 여타의 일에 정신을 두기가 어려워진다. 그래서 모든 교훈에 이에 대한 경계가 많았던 것이다.

여색에 빠지면 정기를 잃고 마음이 퇴폐하고 정신이 산란해진다. 심하게 바람맞으면 폐인이 된다. 그러므로 항상 여색과 바람을 피하도록 경계해야 한다. 한편 공복에는 자극성이 심한 차를 마시지 말라. 어쩌다가 밤늦게 음식을 먹는 때에는 가볍게 들어라. 밤새도록 마시고 노는 것은 육체 건강에도 해롭고 정신적으로도 나쁘다. 절도 있는 생활이 곧 건강의 비결이다.

避 피할 피, 讐 원수 수, 風 바람 풍, 箭 화살 전, 莫 말 막, 喫 마실 끽, 空 빌 공, 茶 차 다, 食 밥 식, 夜 밤 야, 飯 밥 반.

正己篇 15

荀子曰 無用之辯과 不急之察을 棄而勿治하라.
순 자 왈, 무 용 지 변 불 급 지 찰 기 이 물 치

순자가 말하였다.
쓸데없는 말과 급하지 않은 일은 버려두고 참견하지 마라.

참고 순자(荀子) : B.C. 298~238. 이름은 황(況), 전국시대 말기 조(趙)나라 사람. 자하(子夏)의 학파에 속하는 유학자임. 맹자의 성선설(性善說)에 대하여 인간의 본성은 악한 것이라는 성악설(性惡說)을 주장하였음. 법가(法家)인 한비자(韓非子)나 진시황 때 정치가이며 문인으로 이름 높았던 이사(李斯) 등이 모두 그의 문인(門人)임. 저서로는 「순자(荀子)」가 있다. 순황(荀況), 순경(荀卿), 또는 손경(孫卿) 등의 이름으로 여러 책에 실려 있다.

설명 쓸데없는 말은 공연히 말이 말을 낳아 시빗거리만 만들고 급하지 않은 일을 미리 서두르면 심신만 피로하다.

찰(察)은 '살핀다'는 뜻이나, 여기서 '일'이라 번역한 것은 오늘의 언어 감각에 맞추려는 것이다. 곧 일을 살핀다는 의미에서였다.

치(治)는 '다스린다'는 뜻이나, 여기서 '참견한다'로 번역함은 내가 이런 일을 하지 않을 뿐 아니라 남이 이런 일을 하더라도 내가 거기에 참견하여 이러쿵저러쿵하지 말라는 뜻으로 이해한 것이다, 다스림은 나와 남이 함께 수용되는 말이다.

用 쓸 **용**, 辯 말잘할 **변**, 急 급할 **급**, 察 살필 **찰**, 棄 버릴 **기**, 勿 말 **물**, 治 다스릴 **치**.

正己篇 16

子曰 衆이 好之라도 必察焉하며 衆이 惡之라도
자 왈, 중 호 지 필 찰 언 중 오 지

必察焉이니라.
필 찰 언

공자께서 말씀하셨다.

여러 사람이 좋아하더라도 반드시 살펴보아야 하며, 여러 사람이 미워하더라도 반드시 살펴보아야 하느니라.

참고 호지(好之) : 좋아하다. 오지(惡之) : '惡'은 음이 '오'로 미워한다는 뜻.

설명 '부화뇌동(附和雷同)'이란 말이 있다. 일정한 견식이 없이 남의 의견에 따라 같이 행동하는 것을 말한다.

대중의 여론이라 하여 무조건 인정할 것이 아니라 다시 한번 살펴보는 침착성을 가지라는 말이다.

좋아하고 미워하는 마음은 자칫 나의 이해관계와 연결되어 일어나는 것이기 때문에 공정성을 잃기가 쉽다. 남들이 좋다 나쁘다 하는 것도 그들의 이해에서 이루어진 의견이라면, 듣는 나로서는 나의 주관으로 다시 한번 깊이 생각하여 내 마음속으로만 간직할 뿐이다.

衆 무리 중, 好 좋을 호, 必 반드시 필, 察 살필 찰, 惡 미워할 오, 나쁠 악.

正己篇 17

酒中不語는 眞君子요 財上分明은 大丈夫니라.
주중불어 진군자 재상분명 대장부

술 취한 중에도 말이 없는 것은 참다운 군자요, 재물 거래에 대한 셈이 분명한 것은 대장부니라.

설명 대장부(大丈夫)는 사전적 의미로 '사내답고 씩씩한 남자'를 뜻한다. 그러나 '대장부'는 '위대한 남자'를 뜻한다.

「맹자」 등문공하(藤文公下)에 보면 경춘(景春)이란 사람이 맹자를 찾아와 이런 말을 했다.

"공손연(公孫衍)과 장의(張儀)는 어찌 참으로 대장부가 아니겠는가? 그들이 한 번 성을 내면 제후들이 행여나 싶어 겁을 먹고, 그들이 조용히 있으면 온 천하가 다 조용하다."

공손연과 장의는 맹자 시대의 변사들이다. 경춘의 말처럼 그들이 한 번 반감을 품으면 상대는 잠을 편히 자지 못하고, 그들이 조용히 있으면 천하도 따라 조용한 형편이었다.

출세가 사나이의 전부라고 한다면 그들이야말로 사나이 중의 사나이라 할 수 있다. 그러나 맹자는 보는 눈이 달랐다.

"이들이 어떻게 대장부일 수 있겠는가? 그대는 예(禮)를 배우지 않았던가?" 장부가 갓을 처음 쓰게 될 때는 아버지가 교훈 주고, 여자가 시집을 가면 어머니가 교훈을 주는데, 어머니는 대문 앞에서 딸을 보내며 이렇게 말한다. "너희 집에 가거든 공경하고 조심하여 남편에게 어기는 일이 없게 하라 남에게 순종함으로써 정당함을 삼는 것은 첩이나 아내가 하는 길이다."

이것은 공손연과 장의가 집권층의 비위에 맞게 갖은 아부와 교묘한 말재주로 상대의 마음을 낚아 자기 목적을 달성하는 것이, 마치 교활한 첩이나 영리한 아내가 남편에게 하는 그런 수법과 다를 것이 없다는 것을 통렬히 비난한 것이다. 그리고 맹자는 그가 생각하고 있는 대장부의 정의에 대해서 이렇게 말했다.

"천하의 넓은 곳에 몸을 두고, 천하의 바른 위치에 서 있으며, 천하의 큰 길을 걷는다. 뜻을 얻었을 때는 백성들과 함께 그 길을 가고, 뜻을 얻지 못했을 때는 혼자 그 길을 간다.

부귀를 가지고도 그의 마음을 어지럽게 만들 수 없고, 가난과 천대로 그의 마음을 바꿔 놓지는 못하며, 위세나 폭력으로도 그의 지조를 꺾지는 못한다. 이런 사람을 가리켜 대장부라고 한다."

眞 참 진, 財 재물 재, 丈 어른 장, 夫 지아비 부.

正己篇 18

萬事從寬이면 其福自厚니라.
만사종관 기복자후

모든 일을 너그럽게 처리하면 그 복이 저절로 두터워지느니라.

참고 종관(從寬) : 침착하고 관대하다. 기복(其福) : 그에 따르는 복.

설명 마음이 넓다는가 마음이 깊다는 말들은 모두 너그러움을 뜻하는 말들이다. 사람이 사회생활을 함에 있어서는 항상 남을 대해야 하고 사물을 처리하여야 한다. 그럴 때마다 그 몸가짐이 너그러워야 포용하는 폭이 넓어진다. 관용(寬容)이란 말은 바로 이런 뜻이다. 관용하는 사람 앞에서 저절로 감복하는 마음이 생기고, 감복하는 마음이 생기면 나에게 대적하려는 사람이 없어진다.

복이라 함은 여러 각도에서 말할 수 있겠지만 마음 편한 삶 이상의 복이 있겠는가. 나에게 대적하려는 사람이 없다면 그 이상 편함이 어디 있겠는가. 따라서 이것이 바로 복 받은 사람인 것이다. 우리가 복 받는다고 하지만 복은 남이 주어서 내가 받는 것이 아니라, 내 스스로 복을 누리는 것이다.

從 좇을 종, 寬 너그러울 관, 福 복 복, 自 스스로 자, 厚 두터울 후.

正己篇 19

太公이 **曰, 欲量他人**이거든 **先須自量**하라 **傷人之語**는 **還是自傷**이니 **含血噴人**이면 **先汚其口**니라.

태공 왈, 욕량타인 선수자량 상인지 어 환시자상 함혈분인 선오기구

태공이 말하였다.

남을 헤아려 보려거든 먼저 자신을 헤아려 보라. 남을 해치는 말은 오히려 자신을 해치는 것이니, 피를 머금어 남에게 뿌리면 먼저 자신의 입을 더럽히느니라.

참고 자량(自量) : 자기 자신을 헤아려 봄. 환시(還是) : 도리어.
자상(自傷) : 자신을 상하게 함.

설명 '처지를 바꾸어 놓고 생각하라(易地思之)'는 말이 있다. 남을 대할 때 항상 '나라면 어떻게 할 것이냐?' 하는 마음가짐이 매우 중요하다. 상대방의 처지에다 나를 갖다 놓고 생각하면 시시비비를 말하기가 어렵다.

따라서 남을 해치는 말은 오히려 자신을 해치는 말이 된다. 상대방에게 언젠가는 나를 해치겠다는 마음을 가지도록 한 원인이 나에게 있기 때문이다. 남을 해친 것이 아니라 결과적으로 나를 해친 셈이 된다.

남을 탓하기에 앞서 나 자신을 탓하라. 남을 욕하면 그 욕은 자신에게 되돌아온다. 남을 욕하면 내 입이 먼저 더러워진다. 설사 남이 나를 욕하더라도

나는 관대한 마음으로 그를 품어야 한다.

量 헤아릴 량, 須 모름지기 수, 傷 상처 상, 還 돌아올 환,
含 머금을 함, 血 피 혈, 噴 뿜을 분, 汚 더러울 오.

正己篇 20

凡戲는 無益이요 惟勤이 有功이니라.
범 희 무 익 유 근 유 공

모든 놀이는 유익한 것이 없고, 오직 부지런함이 공(功)이 있느니라.

참고 유공(有功) : 공적을 내다. 보람이 있다.

설명 모든 놀이가 유익함이 없다는 데에 이론이 있을 수도 있다. 흔히 말하는 정신적 우울증을 해소하기 위해서 놀이를 한다는 것은 다음에 실행할 일의 원동력의 축적이라 할 수도 있기 때문이다. 여기서 말하는 놀이는 놀이 그 자체가 목적일 때 무용한 것이라는 논리로 받아들여야 하겠다.

공자는 바둑이나 장기 같은 놀이는 심성을 함양하는 공부에는 아주 해로운 것이라 하여 금기하였다. 그러나 아무것도 하는 일 없이 종일 지내기보다는 장기나 바둑을 두는 편이 낫다는 말씀을 하신 적도 있다. 이것은 할 일 없이 노는 것을 경계한 말이다.

'근면은 값을 따질 수 없는 보배(勤爲無價之寶)'라는 말이 있듯이 부지런함이 삶의 보배임은 더 말할 나위 없다.

凡 무릇 범, 戲 놀다(희롱할) 희, 益 이익 익, 惟 오직 유, 勤 부지런할 근.

正己篇 21

太公이 曰
태 공 왈,

瓜田에 不納履하고 李下에 不整冠이니라.
과 전 불 납 리 이 하 불 정 관

태공이 말하였다.

남의 외 밭을 지나갈 때는 신을 고쳐 신지 말고, 남의 오얏나무 밑에서는 모자를(갓을) 고쳐 쓰지 말라.

참고 과전(瓜田) : 참외나 오이밭. 납리(納履) : 신을 신는 것, 여기에서는 고쳐 신는다로 해석됨. '부정관(不整冠)'이 '不正冠'으로도 되어 있으나 여기서는 '整'으로 함.

설명 오해받을 일을 하지 말라는 교훈이다. 참외밭을 지나다가 신이 벗겨져 고쳐 신으려고 구부리면 원두막에 있는 주인은 저 사람이 남의 참외를 따 먹는다고 생각할 것이며, 과일나무 밑을 지나다가 모자를 바로 쓰려고 손을 올리면 과일을 딴다고 오해할 것이다.

아무리 내 행위가 정당한 것이었다 하더라도 오해받을 소지가 있었다면 그 오해를 면하기가 어렵다.

'까마귀 날자 배 떨어진다[烏飛梨落]'는 속담과 같다.

'서모(庶母, 아버지의 첩) 치마폭에 붙은 벌을 떼어 주지 말라'는 말이 있다. 서모가 벌에 쏘일까 봐 떼어 주었지만 멀리에서 보고 있던 아버지는 저놈이 저의 서모 치마 밑을 본다는 오해가 있다는 것이다.

瓜 오이 과, 納 바칠 납, 履 신 리, 李 오얏 리, 整 가지런할 정, 冠 갓 관.

正己篇 22

景行錄에 曰, 心可逸이언정 形不可不勞요 道可樂이언정 身不可不憂니 形不勞則怠惰易弊하고 心不憂則荒淫不定이라 故로 逸生於勞而常休하고 樂生於憂而無厭하나니 逸樂者는 憂勞를 豈可忘乎아.

경행록 왈, 심가일 형불가불로 도가락 신불가불우 형불로즉태타이폐 심불우즉황음부정 고 일생어로이상휴 낙생어우이무염 일락자 우로 기가망호

「경행록」에 이르기를,

마음은 편할지언정 육신(형체)은 노력하지 않을 수 없고, 도(道)는 즐겨야 할지언정 몸은 근심하지 않을 수 없으니, 육신이 노력하지 않으면 게을러져서 허물어지기 쉽고, 마음이 근심하지 않으면 주색에 빠져서 안정되지 못한다. 그러므로 편안함은 수고로움에서 생겨 항상 기쁘고, 즐거움은 근심하는 데서 생겨 싫음이 없나니, 편안하고 즐거운 자는 근심과 수고로움을 어찌 잊을 수 있겠는가?

참고 이폐(易弊) : 폐(弊)를 무너지는 걸로 해석해서 허물어지기 쉽다는 뜻.
황음(荒淫) : 주색에 빠지는 것. 휴(休) : 쉬다. 기쁨. 아름다움.
무염(無厭) : 싫음이 없는 것.

설명 도(道)란 내가 살아가는 길이다. 내가 가는 길을 내가 즐기려면 몸을 항상 조심하여 지켜야 한다. 게으름이 몸을 움직이지 않는 것이기에 일

시적으로 편안한 것 같지만 그것은 자신의 앞길을 황폐화하는 조짐이다.

可 옳을 가. 逸 편안할 일. 勞 힘쓸 로. 樂 즐길 락. 憂 근심할 우.
怠 게으를 태. 惰 게으를 타. 弊 해질 폐. 荒 거칠 황.
淫 음란할 음. 厭 싫을 염. 豈 어찌 기.

正己篇 23

耳不聞人之非하고 目不視人之短하며 口不言人之過라야 庶幾君子니라.

이불문인지비 목불시인지단 구불언 인지과 서기군자

귀로는 남의 그릇됨을 듣지 아니하고, 눈으로는 남의 단점을 보지 아니하며, 입으로 남의 허물을 말하지 않아야 거의 군자에 가까우니라.

참고 서기(庶幾) : 거의, 또는 바란다의 뜻으로, 서기군자(庶幾君子)란 거의 군자에 가깝다로 풀이됨.

설명 귀의 직능이 듣는 것이거늘 어떻게 남이 말하는 것을 안 듣느냐 하겠으나 남이 사람들의 시비를 말하더라도 그것을 새겨 두지 말라는 말이다.

눈으로 남의 단점이 들어오는 것을 어떻게 안 보느냐 하겠으나 역시 보아도 안 본 듯이 남의 단점을 기억해 두지 말아야 하겠다. 이렇게 되면 남의 허물을 말하게 될 리가 없다.

제 허물을 제가 보지 못하면서 남의 허물을 말하는 것도 나를 비호하려는 본능적 욕심에서이니 역시 사심에 쌓인 속된 사람의 심정이다.

視 볼 시. 短 짧을 단. 過 지날, 허물 과. 庶 여러 서. 幾 기미 기.

正己篇 24

蔡伯喈曰 喜怒는 在心하고 言出於口하나니 不可不愼이니라.
채백개왈, 희노 재심 언출어구 불가불신

채백개가 말하였다.
기뻐하고 노여워하는 것은 마음속에 있고, 말은 그것을 입 밖으로 내뱉는 것이니 삼가지 않으면 안 되느니라.

참고 채백개(蔡伯喈) : 이름은 옹(邕), 자(字)가 백개(伯喈)임. 후한(後漢) 영제(靈制) 때의 학자. '영자팔법(永字八法)'을 고안했다.

설명 우선 마음속에 과격한 감정이 일지 않도록 수양해야 한다. 그다음에 격한 감정을 원색적으로 토해 내지 않게 자제해야 한다.
희로애락의 감정은 마음에서 일어나는 것이기에 겉으로 표현하지 않으면 그것이 화가 되지 않는다. 그러나 마음속에 있는 것을 표현하지 않기가 그리 쉽지가 않다. 거의 그 표현이 말을 통해서 입 밖으로 나오게 되는 것이니 무엇보다도 말을 삼가기가 가장 어려운 것이다.

喜 기쁠 희. 怒 성낼 노. 於 어조사 어. 愼 삼갈 신.

正己篇 25

宰予晝寢이어늘 子曰 朽木은 不可雕也요 糞土之墻은 不可圬也니라.
재여주침 자왈 후목 불가조야 분토지장 불가오야

재여(宰予)가 낮잠 자는 것을 보고, 공자께서 말씀하셨다.

썩은 나무에는 조각하지 못하고, 썩은 흙으로 쌓은 담은 흙손질하지 못하느니라.

참고 재여(宰予) : 춘추시대의 노(魯)나라 사람. 자는 자아(子我), 재아(宰我)라고도 함. 공문십철(孔門十哲)의 한 사람이며, 자공(子貢)과 함께 언변(言辯)에 능하였음. 주침(晝寢) : 낮잠. 분토(糞土) : 분(糞)은 똥의 뜻이니, 썩은 흙으로 풀이됨. 오(圬) : 흙손질하는 것.

설명 재여는 공자의 제자로서 뛰어난 제자 열 사람 중의 한 사람이다. 그런데도 낮잠 자는 것을 본 공자는 이렇듯 준엄하게 나무라셨다.

공부하여 정진할 시기에 편안히 낮잠을 자는 것을 썩은 나무로 비유하셨다.

여기서 하필 왜 조각하거나 꾸미는 것으로 비유한 것일까? 공부한다는 것은 인간의 심성을 부단히 연마해 가는 것이다. 그런데 정진하여야 할 이 낮 시간에 자고 있다는 것은 정신적으로 썩어가고 있다고 나무란 것이다.

寢 잠잘 침, 朽 썩을 후, 雕 새길 조, 糞 똥 분, 墻 담 장, 圬 흙손질할 오.

正己篇 26

紫虛元君 誠諭心文에 曰,
자허원군 성유심문 왈

福生於淸儉하고 德生於卑退하고 道生於安靜하고 命生於和暢하니라 憂生於多慾하고 禍生於多貪하고 過生於輕慢하고 罪生於不仁이니라 戒眼하여 莫看他非하고 戒口하여 莫談他短하고 戒心
복생어청검 덕생어비퇴 도생어안정 명생어화창 우생어다욕 화생어다탐 과생어경만 죄생어불인 계안 막간타비 계구 막담타단 계심

하여 莫自貪嗔하고 戒身하여 莫隨惡伴하라 無益
막 자 탐 진 계 신 막 수 악 반 무 익

之言을 莫妄說하고 不干己事를 莫妄爲하라 尊
지 언 막 망 설 불 간 기 사 막 망 위 존

君王 孝父母하며 敬尊長 奉有德하고 別賢愚
군 왕 효 부 모 경 존 장 봉 유 덕 별 현 우

恕無識하라 物順來而勿拒하고 物旣去而勿追하
서 무 식 물 순 래 이 물 거 물 기 거 이 물 추

며 身未遇以勿望하고 事已過而勿思하라 聰明도
신 미 우 이 물 망 사 이 과 이 물 사 총 명

多暗昧요 算計도 失便宜니라 損人終自失이요
다 암 매 산 계 실 편 의 손 인 종 자 실

依勢禍相隨라 戒之在心하고 守之在氣라 爲不
의 세 화 상 수 계 지 재 심 수 지 재 기 위 부

節而亡家하고 因不廉而失位니라 勸君自警於
절 이 망 가 인 불 렴 이 실 위 권 군 자 경 어

平生하노니 可歎可驚而可畏니라 上臨之以天鑑
평 생 가 탄 가 경 이 가 외 상 림 지 이 천 감

하고 下察之以地祇라 明有三法相繼하고 暗有
하 찰 지 이 지 기 명 유 삼 법 상 계 암 유

鬼神相隨라 惟正可守요 心不可欺니 戒之戒之
귀 신 상 수 유 정 가 수 심 불 가 기 계 지 계 지

하라.

자허원군의 「성유심문」에 이르기를,

복(福)은 맑고 검소한 데서 생기고, 덕(德)은 몸을 낮추고 겸손한 데서 생기고, 도(道)는 편안하고 고요한 데서 생기고, 생

명(生命)은 화창(和暢)한 데서 생기느니라.

근심은 욕심이 많은 데서 생기고, 재앙은 탐(貪)하는 마음이 많은 데서 생기고, 과실(過失)은 경솔하고 교만한 데서 생기고, 죄악(罪惡)은 어질지 못한 데서 생기느니라.

눈을 경계하여 다른 사람의 그릇된 것을 보지 말고, 입을 경계하여 다른 사람의 결점을 말하지 말고, 마음을 경계하여 탐내고 성내지 말고, 몸을 경계하여 나쁜 벗을 따르지 말라.

유익하지 않은 말을 함부로 하지 말고, 내게 관계없는 일은 함부로 간여하지 말라.

군왕(君王)을 높이고, 부모에게 효도하며, 존장(尊長)을 공경하고, 덕이 있는 이를 받들며, 어진 이와 어리석은 이를 분별하고, 무식한 자를 용서하라.

물건이 순리(順理)로 오거든 물리치지 말고, 물건이 이미 지나갔거든 뒤좇지 말며, 몸이 불우(不遇)에 처했더라도 바라지 말고, 일이 이미 지나갔거든 생각지 말라.

총명한 사람도 어두운 때가 많고, 계획을 잘 세워도 편의(便宜)를 잃는 수가 있다. 남을 손상(損傷)하면 마침내 자기를 손상하게 되고, 세력에 의존하면 재앙이 서로 따르느니라. 경계하는 것은 마음에 있고, 지키는 것은 기운에 있다. 절약하지 않음으로써 집을 망치고, 청렴하지 않음으로써 지위(地位)를 잃느니라.

그대에게 평생을 두고 스스로 경계하기를 권고하노니, 탄식할 만하고 놀랄 만하고 두려워할 만하니라. 위에는 하늘의 거울이 내려보고 있고, 아래에는 땅의 신령이 살피고 있느니라. 밝은 곳에는 삼법(三法)이 서로 이어져 있고, 어두운 곳에는 귀신이 서로 따르고 있느니라. 오직 바른 도리를 지킬 것이요,

양심을 속이지 말 것이니, 이의 가르침을 경계하고 경계하라.

참고 자허원군(紫虛元君) : 도가(道家)에서 높이는 여자 신선, 남자 신선은 진군(眞君)이라 부른다. 이름이나 연대는 분명치 않음. '자허'란 '하늘'을 뜻하는데, 햇빛을 받은 하늘은 자줏빛을 띤다고 하여 '자허'라고 함. 성유심문(誠諭心文) : 정성껏 마음을 깨우치는 글, 유(諭)는 고한다로 풀이됨. 비퇴(卑退) : 비(卑)는 몸을 낮추는 것, 퇴(退)는 겸손한 것. 화창(和暢) : 마음씨가 부드럽고 밝은 것. 우생(憂生)이 患生으로도 되어 있으나 같은 뜻임. 경만(輕慢) : 경솔하고 교만한 것. 계안(戒眼) : 눈을 경계하는 것. 타비(他非) : 다른 사람의 그릇된 것. 탐진(貪嗔) : 탐내고 성내는 것. 망설(妄說) : 함부로 말하는 것. 불간기사(不干己事) : 간(干)은 여기서는 관계되는 것. 기사(己事)는 자기 일. 즉 자기에게 관계없는 일. 순래(順來) : 순리(順理)로 오는 것. 미우(未遇) : 불우(不遇)한 처지에 놓이는 것. 천감(天鑑) : 하늘의 거울. 지기(地祇) : 기(祇)는 땅귀신, 지신(地神)을 뜻한다. 즉 땅의 신령. 삼법(三法) : 경(輕), 중(中), 중(重)의 세 가지 율법.

福 복 복, 儉 검소할 검, 卑 낮을 비, 靜 고요할 정, 暢 펼 창, 憂 근심 우,
慾 욕심 욕, 貪 탐할 탐, 慢 게으를 만, 罪 허물 죄, 仁 어질 인,
戒 경계할 계, 嗔 성낼 진, 隨 따를 수, 伴 짝 반, 益 이득 익, 妄 허망할 망,
說 말씀 설, 干 방패 간, 尊 높을 존, 孝 효도 효, 敬 공경할 경, 奉 받들 봉,
別 나눌 별, 賢 어질 현, 愚 어리석을 우, 恕 용서할 서, 識 알 식,
順 순할 순, 拒 막을 거, 旣 이미 기, 遇 만날 우, 望 바랄 망, 聰 귀 밝을 총,
昧 어두울 매, 便 편할 편, 勢 기세 세, 戒 경계할 계, 守 지킬 수,
節 마디 절, 因 인할 인, 廉 청렴할 렴, 勸 권할 권, 君 그대 군,
警 경계할 경, 歎 탄식할 탄, 驚 놀랄 경, 畏 두려워할 외, 臨 임할 림,
鑑 거울 감, 察 살필 찰, 祇 토지신 기, 繼 이을 계, 鬼 귀신 귀,
神 신령 신, 惟 오직 유, 欺 속일 기.

안분편(安分篇)

자기의 분수에 만족하라.

安分篇 1

景行錄에 云하였으되,
경행록 운

知足可樂이나 務貪則憂니라.
지족가락 무탐즉우

「경행록」에 이르기를,

만족함을 알면 즐거울 수 있으나, 탐욕에 힘쓰면 근심과 걱정이 생기느니라.

참고 안분(安分) : 하늘에 의해 주어진 자기의 분수에 만족함이다.
지족(知足) : 족한 것을 알다. 무탐(務貪) : 탐욕(貪慾)에 힘쓰다.

설명 '넉넉하다, 만족하다' 함은 물질에 있는 것이 아니라 정신에 있는 것이다. 정신이라 하지만, 이 정신이 곧 마음이다. 마음으로 만족하다 여기면 즐거운 마음이 저절로 생기는 것이다. 마음이 즐겁지 않으면 물질이 아무리 많이 있어도 즐거울 수가 없다.

탐욕은 물질적 욕심이다. 이 물질적 욕심에는 만족을 기대할 수가 없다. 욕심은 욕심을 낳아 끝이 없다. 노자(老子)도, '만족함을 아는 사람이 부자이다(知足者富)', '만족할 줄 알면 욕을 보지 않는다(知足不辱)'고 했다.

足 만족할 족, 務 힘쓸 무, 貪 탐할 탐, 則 곧 즉, 憂 근심할 우.

安分篇 2

知足者는 貧賤亦樂하고 不知足者는 富貴亦憂니라.

지족자 빈천역락 부지족자 부귀역우

만족할 줄 아는 사람은 가난하고 천하여도 즐거워하고, 만족할 줄을 모르는 사람은 부자되고 귀해졌어도 걱정스럽기만 하느니라.

참고 지족자(知足者) : 만족할 줄 아는 사람. 빈천(貧賤) : 가난하고 천하다.

설명 만족함을 안다는 마음 자세가 가장 중요한 것이다. 곧 인생을 살아가는 데 있어 즐겁게 살 것이냐, 아니면 짜증스럽게 사느냐 하는 것은 외형적인 재물이나 지위보다도 자신의 마음가짐에 있다.

구차한 중에도 편안한 마음으로 도(道)를 즐기듯 안빈낙도(安貧樂道) 해야 한다.

貧 가난할 빈, 賤 천할 천, 亦 또 역, 富 부할 부, 貴 귀할 귀.

安分篇 3

濫想은 徒傷神이요 妄動은 反致禍니라.

남상 도상신 망동 반치화

시나친 생각은 다만 정신을 상하게 할 뿐이요, 망령된 행동은 도리어 재앙을 부르느니라.

참고 남상(濫想) : 남(濫)은 함부로, 또는 정도에 넘치는 것 등으로 풀이된다. 여기서는 쓸데없는 생각, 허황된 생각. 도(徒) : 다만.

설명 사람은 생각하는 동물이라 하듯이 생각한다는 일이 좋기는 하지만 분별없고 쓸데없는 생각은 정신만 혼란하게 하고, 지나치면 분에 넘치는 욕심을 낳게 한다. 행동이란 일의 실천일 수가 있는 것이니 필요한 것이기는 하나 망령된 행동은 분수가 없는 것이므로 오히려 재앙을 일으킨다.

濫 넘칠 **람**, 徒 (다만)무리 **도**, 傷 상처 **상**, 妄 허망할 **망**, 反 되돌릴 **반**.

安分篇 4

知足常足이면 終身不辱하고 知止常止면 終身無恥니라.

지족상족 종신불욕 지지상지 종신무치

만족함을 알아 항상 만족하면 평생토록 욕됨이 없고, 그칠 줄을 알아 항상 멈추면 평생토록 부끄러움이 없느니라.

참고 종신(終身) : 평생을 두고 몸이 죽을 때까지. 지족(知足) : 족할 줄 아는 것. 만족을 아는 것. 무치(無恥) : 부끄러움이 없다.

설명 만족함을 안다는 것은 자기의 분수를 안다는 것이다. 공자님의 말씀에 '제 자리가 아니면 그 일을 도모하지 말라(不在其位 不謀其政)'는 말이 있다. 이 역시 자기 분수에 만족하라는 말이다. 자식은 자식대로, 부모는 부모대로, 학생은 학생대로, 어른은 어른대로 각기 직분이 있다. 이 직분을 망각하면 가정으로부터 사회까지 혼란하게 된다.

常 항상 **상**, 終 끝날 **종**, 辱 욕될 **욕**, 止 머물 **지**, 恥 부끄러워할 **치**.

書經에 曰 滿招損하고 謙受益이니라.
서 경 왈, 만 초 손 겸 수 익

「서경」에 이르기를,
가득 차면 손실을 부르고, 겸손하면 이익을 얻느니라.

참고 서경(書經) : 삼경 또는 오경의 하나. 중국의 요순(堯舜)에서부터 주나라 때까지의 정사(政事)에 관한 문서를 수집하여 공자(孔子)가 편찬한 책.

설명 '달도 차면 이지러진다[月滿則虧]'는 말은 모든 것이 절정에 이르면 다음에 오는 내리막길을 생각하라는 교훈이다. '모든 사물도 극에 달하면 쇠한다(物盛則衰)'는 말도 같은 교훈으로 쓰이는 말이다.

「서경」에 자연의 이치가 다 같다. 높이 올라가면 떨어지고 가득 차면 줄어들게 마련이다.

노자는 다음과 같이 말했다.

'부귀를 누리고 교만하면 스스로 남에게 허물을 남기게 된다(富貴而驕 自遺其咎).' '많이 저장하면 크게 잃는다(多藏必厚亡).'

없는 자가 겸손하기는 쉽지만, 가진 자가 겸손하기는 어렵다. 옛날의 부자들이 여름에 보리밥을 먹은 것도 쌀을 아껴 더 저축하려는 것이 아니라, 이웃은 보리밥도 넉넉히 못 먹는데 어떻게 혼자서 쌀밥을 먹느냐는 겸손이었다. 나아가 가득 차 넘쳐나는 분수 밖의 일을 삼가겠다는 마음가짐이었던 것이다.

滿 찰 만, 招 부를 초, 損 덜 손, 謙 겸손할 겸, 受 받을 수, 益 더할 익.

安分篇 6

安分吟에 曰, 安分身無辱이요 知機心自閑이라
안분음 왈, 안분신무욕 지기심자한

雖居人世上이나 却是出人間이니라.
수거인세상 각시출인간

「안분음」에 이르기를,

분수에 만족(편안)하면 몸이 욕됨이 없고, 기미(천기)를 알면 마음이 절로 한가하니라. 비록 속된 세상에 살더라도 오히려 인간 세상을 벗어나야 하느니라.

참고 안분음(安分吟) : 송(宋)나라 소옹(邵雍)이 지은 시. 「격양시(擊壤詩)」라고도 함. 안분(安分) : 편안한 마음으로 분수를 지킨다는 뜻이다. 격양집(擊壤集) : 송나라 때 소옹(邵雍)이 지은 시집. 윗글은 「격양집(擊壤集)」에 실린 시. 지기(知機) : 세상일의 돌아가는 기틀을 안다. 각시(却是) : 도리어.

설명 맑은 하늘의 오묘한 뜻과 도리를 깨닫고 하늘과 하나가 되면 추악한 인간 속세에서 해탈할 수가 있다. 천도와 천명을 터득하고 인간적인 추악한 탐욕을 부리지 않는 것이 바로 천기(天機)를 바르게 아는 것이다.

전통사상에서는 우주를 하나의 거대한 생명체로 본다. 따라서 우주의 메커니즘이 곧 천기이다. 그 천기의 하나가 바로 자연법칙이다.

과학자가 자연법칙을 활용해서 좋은 성과를 올리듯이 사회나 국가의 윤리 도덕 및 정치도 천도 천기를 기준으로 하고 실천해야 한다. 그것이 곧 안분(安分)이고 지기(知機)이다.

吟 읊을 음, 辱 욕 욕, 知 알 지, 機 틀(천기) 기, 閑 한가할 한, 雖 비록 수, 居 있을 거, 世 세상 세, 却 도리어 각.

安分篇 7

子曰 不在其位면 不謀其政이니라.
자 왈, 부 재 기 위 불 모 기 정

공자께서 말씀하셨다.
그 자리에 있지 않으면 그 정사를 도모하지 말지니라.

참고 부재기위(不在其位) : 그 직위에 있지 않으면. 불모기정(不謀其政) : 그 직위에서 행할 정사를 논하거나 꾀하지 마라.

설명 자기의 직분을 충실하게 수행하는 동시에 남의 직책에 대하여 간섭하거나 비평하는 일을 삼가야 한다. '군자는 생각하는 바가 그 직위를 벗어나지 않게 해야 한다[君子思不出其位, 曾子].'

'군자는 자기가 처한 위상에 맞게 행동하고 밖의 것을 바라지 않는다. 부귀를 누리게 되면 부귀를 누리는 사람답게 행동하고, 빈천한 자리에 떨어지면 빈천한 사람답게 행동한다[君子素其而行 不願乎其外 素富貴行乎富貴 素貧賤行乎貧賤, 「中庸」].'

不 아닐 불(부). 在 있을 재. 其 그 기. 位 자리 위. 謀 꾀할 모. 政 정사 정.

존심편(存心篇)

바르고 착한 마음을 간직하라.

存心篇 1

景行錄에 云하였으되, 坐密室을 如通衢하고 馭寸心을 如六馬하면 可免過니라.
경행록 운, 좌밀실 여통구 어촌심 여육마 가면과.

「경행록」에 이르기를,

밀실에 앉아 있더라도 마치 네거리로 통한 것처럼 생각하고, 작은 마음을 제어하기를 마치 여섯 필의 말을 부리듯 하면 허물을 면할 수 있느니라.

참고 밀실(密室) : 아무도 보지 않는 비밀스러운 방. 통구(通衢) : 구(衢)는 거리의 뜻. 사방으로 통하는 큰길, 즉 네거리. 육마(六馬) : 옛날 천자가 타고 다니는 수레는 여섯 필의 말이 끌었다.

설명 항상 마음을 조심하라는 뜻이다. 몸가짐을 단정히 한다는 것은 남이라는 상대를 의식하기 때문이다.

아무도 없는 밀실에 앉아 있어도 네거리에 나와 있는 듯이 생각하면 행동이 흔들릴 수가 없다. 조심하는 습관이 몸에 배어 있다면 어디에서나 실수할 리가 없다. '군자는 홀로 있을 때 삼가라(君子愼其獨).'

密 은밀할 밀, 衢 네거리 구, 馭 말부릴 어, 免 면할 면, 過 허물 과.

存心篇 2

擊壤詩에 **云**하였으되, **富貴**를 **如將智力求**라면 **仲尼年少合封侯**라 **世人**은 **不解青天意**하고 **空使身心半夜愁**니라.

(격양시 운, 부귀 여장지력구 중니연소합봉후 세인 불해청천의 공사신심반야수)

「격양시」에 이르기를,

부귀를 만일 지혜나 힘으로 얻을 수 있다면, 공자(중니)는 젊은 나이에 마땅히 제후(諸侯)에 봉해졌을 것이다. 세상 사람들은 푸른 하늘의 뜻도 모르고, 부질없이 몸과 마음으로 하여금 한밤중에 슬퍼하고 고민하느니라.

참고 격양시(擊壤詩) : 송(宋)나라 때 소옹(邵雍)이 지은 시. 중니(仲尼) : 공자의 자(字). 공자의 모친 안씨(顔氏)가 이산(尼山)에서 기도를 올리고 낳았다. 사신심수(使身心愁) : (허황되게) 몸과 마음을 괴롭힌다.

설명 '죽고 사는 것은 천명으로 주어지고 부귀는 하늘에 있다(死生有命 富貴在天)'는 '천명론(天命論)'을 예증한 시다. 노력에 따라 부자가 된다든가 출세를 한다는 것이 있는 일이기는 하지만 바라는 것만큼의 부나 출세가 누구에게나 있는 것이 아님은 천명의 시킴이라고 생각하는 것이 순리이다.

공자보다 더 지혜로운 분이 어디 있겠는가? 정신적인 힘 또한 누가 이 분을 능가하겠는가? 이런 힘과 지혜로 부귀를 얻을 수 있었다면 공자는 젊어서 벌써 제후에 오르는 출세를 하지 않았겠는가?

'천도는 편애하지 않고 항상 선인을 편든다(天道無親 常與善人)'. 즉 하늘은 선인[善]에게 복을 내린다.

如 만약 여, 智 슬기 지, 封 봉할 봉, 侯 제후 후, 解 풀 해, 愁 시름 수.

存心篇 3

范忠宣公이 戒子弟曰 人雖至愚나 責人則明
범 충 선 공 계 자 제 왈, 인 수 지 우 책 인 즉 명

하고 雖有聰明이나 恕己則昏이라 爾曹는 但當
수 유 총 명 서 기 즉 혼 이 조 단 당

(常)以責人之心으로 責己하고 恕己之心으로 恕
상 이 책 인 지 심 책 기 서 기 지 심 서

人이면 則不患不到聖賢地位也니라.
인 즉 불 환 부 도 성 현 지 위 야

범충선공(范忠宣公)이 자제를 훈계하여 말하였다.

사람이 비록 지극히 어리석으나 남을 꾸짖는 데는 밝고, 비록 총명함이 있으나 자기를 용서함에는 어두우니라.

너희들은 마땅히(항상) 남을 꾸짖는 마음으로 자신을 꾸짖고, 자신을 용서하는 마음으로 남을 용서한다면 성현(聖賢)의 경지에 이르지 못함을 걱정하지 않아도 되느니라.

참고 범충선공(范忠宣公) : 북송(北宋) 철종(哲宗) 때의 재상. 학문과 덕이 높았다. 순인(純仁), 시호(諡號)는 충선(忠宣). 지우(至愚) : 지극히 어리석은 것. 서기(恕己) : 자기를 용서하는 것. 이조(爾曹) : 조(曹)는 무리의 뜻. 너희 무리. 단당(但當) : 오직 마땅히 ~해야 한다.

설명 누구나 자신의 허물은 못 보아도 남의 허물은 잘 본다. 여기서 꾸짖는다[責]는 말을 책임(責任)이라 번역하여도 무방하다. 좋은 일은 내가 책임지려 하고 나쁜 일은 남에게 책임 지우려 하는 것이 사람의 심리이다.

용서의 본래 뜻은 '내 마음을 미루어 남을 이해하는 것(推己及人)'이다.

責 꾸짖을 책, 聰 귀 밝을 총, 恕 용서할 서, 昏 어두울 혼, 爾 너 이,
曹 무리 조, 患 근심 환, 聖 성스러울 성, 賢 어질 현.

存心篇 4

子曰 聰明思睿라도 **守之以愚**하고 **功被天下**라
자 왈, 총 명 사 예 　 수 지 이 우 　 공 피 천 하

도 **守之以讓**하고 **勇力振世**라도 **守之以怯**하고 **富**
수 지 이 양 　 용 력 진 세 　 수 지 이 겁 　 부

有四海라도 **守之以謙**이니라.
유 사 해 　 수 지 이 겸

공자께서 말씀하셨다.

총명하고 생각이 밝더라도 자신의 어리석음으로써 지켜야 하고, 공(功)이 천하에 미쳤더라도 사양함으로써 지켜야 하고, 용맹스러운 힘이 온 세상에 떨쳤어도 겁냄으로써 지켜야 하고, 천하를 소유한 부자라도 겸손한 마음으로써 지켜야 하느니라.

참고 사예(思睿) : 예(睿)는 밝다는 뜻으로, 여기서는 생각이 뛰어난 것.
진세(振世) : 세상을 진동시키는 것.

설명 총명과 어리석음, 공(功)과 겸양, 용맹과 비겁, 부자와 겸손은 사실 두 끝으로 대립되는 것이다. 저쪽 끝에 서 있으면서 상대적으로 이쪽 끝을 생각한다는 것은 중심에 서 있다는 말이 된다.

'크게 현명한 이는 어리석은 이와 같다(大賢如愚)'라는 말이 있다. 옛 철인들이 행했다는 일화는 모두 어리석은 사람이 한 일과 같다. 어느 세대나 성인의 가르침대로 하면 약삭빠른 이에게 항상 뒤지는 것같이 보인다. 그러나 그 편이 오히려 현명한 것이다.

睿 깊고 밝을 예, 愚 어리석을 우, 讓 사양할 양, 勇 날쌜 용,
振 떨칠 진, 怯 겁낼 겁, 謙 겸손할 겸.

存心篇 5

素書에 云하였으되, 薄施厚望者는 不報하고 貴而忘賤者는 不久니라.
소서 운 박시후망자 불보 귀이 망천자 불구

「소서」에 이르기를,
작게 베풀고서 크게 바라는 이에게는 보답이 없고, 몸이 귀하게 되고서 천했던 때를 잊은 자는 오래가지 못하느니라.

참고 소서(素書) : 진(秦)나라 말기의 병가(兵家)인 황석공(黃石公)이 장량(張良)에게 전해 준 병서(兵書) 이름. 박시(薄施) : 박하게(작게) 베푸는 것. 망천(忘賤) : 불우했던 시절을 잊는 것.

설명 남에게 베풀어 놓고 꼭 보답을 바란다면 혜택일 수도 없고, 또 주었다 할 것도 없다. '개구리 올챙이 시절 모른다'는 말이 있다. 누구나 지나간 어려운 때를 잊기가 쉽다. 귀해질수록 천했던 때를 생각해야 하고, 넉넉해질수록 곤궁했던 시절을 기억해야 한다. 꼭 남에게 좋게 보이기 위해서가 아니라 자신의 귀(貴)나 부(富)를 유지하기 위해서도 필요한 것이다.

薄 엷을 박, 施 베풀 시, 厚 두터울 후, 報 갚을 보, 賤 천할 천.

存心篇 6

施恩이어든 勿求報하고 與人이어든 勿追悔하라.
시은 물구보 여인 물추회

은혜를 베풀었거든 보답을 바라지 말고, 남에게 주었거든 뒤에 뉘우쳐 아깝다 여기지 말라.

설명 부모가 자녀를 사랑하는 참사랑의 심정으로 남에게 은혜를 베풀어라. 그리고 보답을 바라지 마라. 또 남에게 베푼 일을 나중에 아깝게 생각하거나 후회하지 마라. 진정한 사랑은 '상대를 좋은 사람 되게 하기 위하여, 아무런 조건 없이 내가 정성으로 후원해 주는 행동이다.'

勿 말 물, 報 갚을 보, 與 줄 여, 追 쫓을 추, 悔 뉘우칠 회.

存心篇 7

孫思邈이 **曰**, **膽欲大而心欲小**하고 **知欲圓而**
손 사 막 왈, 담 욕 대 이 심 욕 소 지 욕 원 이

行欲方이니라.
행 욕 방

손사막(孫思邈)이 말하였다.
담력(膽力)은 크고자 하되 마음가짐은 섬세하게 하고, 지혜는 둥글고자 하되 행동은 방정(方正)해야 하느니라.

참고 손사막(孫思邈) : 당(唐)나라 때 이름 높았던 의원(醫員). 담(膽) : 담력(膽力). 원(圓) : 둥근 것. 원만한 것. 방(方) : 방정(方正)한 것.

설명 기상이나 포부는 담대하고 대범해야 한다. 하지만 생각과 행동은 치밀하고 신중해야 한다. 학문이나 지식은 박학다식(博學多識)하되, 행실은 절대 선인 천도를 따라 한결같이 방정하고 독실해야 한다.

邈 멀 막, 膽 쓸개 담, 欲 하고자 할 욕, 圓 둥글 원, 方 모 방.

存心篇 8

念念要如臨戰日하고 **心心常似過橋時**니라.
염 념 요 여 림 전 일　　심 심 상 사 과 교 시

생각과 생각은 싸움터에 나가는 날처럼 조심하고, 마음과 마음은 항상 외나무다리를 건널 때와같이 해야 하느니라.

설명 생각이나 마음가짐을 항상 조심하라는 말이다.

念 생각할 념, 臨 임할 림, 戰 싸울 전, 似 같을 사, 橋 다리 교.

存心篇 9

懼法이면 **朝朝樂**이요 **欺公**이면 **日日憂**니라.
구 법　조 조 락　기 공　일 일 우

법을 두려워하면 아침마다 즐겁고, 옳은 일을 속이면 날마다 근심하게 되느니라.

설명 개인의 욕심은 사(邪)가 되기 쉬우니 공(公)은 누구에게나 바름으로 통한다. 공공(公共)이라는 말 자체가 누구나 함께[共]라는 뜻이 있다.

공공의 질서를 어겨 사사로운 이익에 만족하면 그 순간은 즐거우나 결과는 어떤 제재가 올 것이니, 즐거움이 아니라 근심스러운 일이 될 수밖에 없다.

懼 두려워할 구, 法 법 법, 樂 즐거울 락, 欺 속일 기, 憂 근심할 우.

存心篇 10

朱文公이 曰 守口如甁하고 防意如城하라.
주 문 공　왈, 수 구 여 병　방 의 여 성

주문공〔주자(朱子)〕이 말하였다.
입 지키기를 병 막음 같이 하고, 생각(욕심) 지키기는 성을 지키듯이 하라.

참고 주문공(朱文公) : 남송(南宋)의 대유(大儒) 주자(朱子)를 말한다. 이름은 희(熹), 자는 원회(元晦) 또는 중회(仲晦), 호는 회암(晦菴) 또는 회옹(晦翁).

설명 '입이 모든 화의 근원'이라는 말이 있다. 한마디의 말이 몸을 망치고 사회를 그르칠 수도 있다.

守 지킬 수, 甁 병 병, 防 막을 방, 城 성 성.

存心篇 11

心不負人이면 面無慙色이니라.
심 불 부 인　면 무 참 색

마음속으로 남을 저버리지 않으면 얼굴에 부끄러운 빛이 없느니라.

설명 '사람의 얼굴은 마음과 같다(人面如心)'는 말이 있다. 행위의 모든 것이 마음에서 시키지 않은 것이 없다. 그러면서도 마음의 동요가 제일 먼저 나타나는 곳이 얼굴빛이다.

負 등질·저버릴 부, 無 없을 무, 慙 부끄러울 참, 色 빛 색.

存心篇 12

人無百歲人이나 枉作千年計니라.
인 무 백 세 인 왕 작 천 년 계

사람은 백 살을 사는 사람이 없으나(드물지만) 부질없이 천 년의(욕심을 부리며) 계획을 세우느니라.

설명 현실에 충실하지 않고 허황된 공상에 매달리는 사람에 대한 훈계이다. 백이라는 수는 수의 극치를 말한다. 사람의 삶은 무한수의 극치를 누리는 것이 아니라 유한한 것이다. 그렇기 때문에 천이다 만이다 하는 무한의 계획을 생각한다는 것은 어리석은 일이다.

현재에 충실함이 없이 미래의 기대만 크다면 그것이 이루어질 수 없음은 당연하다.

百 일백 백, 歲 해 세, 枉 굽을 왕, 作 지을 작, 年 해 년, 計 꾀 계.

存心篇 13

寇萊公六悔銘에 云하였으되,
구 래 공 육 회 명 운

官行私曲失時悔하고 富不儉用貧時悔니라
관 행 사 곡 실 시 회 부 불 검 용 빈 시 회

藝不少學過時悔하고 見事不學用時悔니라
예 불 소 학 과 시 회 견 사 불 학 용 시 회

醉後狂言醒時悔하고 安不將息病時悔니라.
취 후 광 언 성 시 회 안 부 장 식 병 시 회

구래공(寇萊公)이 「육회명(六悔銘)」에 이르기를,

벼슬아치가 사사로운 이득을 취하고 부정한 일을 행하면 벼슬을 잃을 때 후회하고, 부유했을 적에 아껴 쓰지 않으면 가난해졌을 때 후회하느니라. 젊었을 때 기예(技藝)를 배우지 않으면 시기를 넘기고서 후회하고, 일을 보고 배우지 않으면 필요하게 되었을 때 후회하느니라. 술 취한 때에 미친 듯이 함부로 말하면 깨어났을 때 후회하고, 몸이 성했을 때 휴식을 취하지 않으면 병들었을 때 후회하느니라.

참고 구래공(寇萊公) : 자는 평중(平仲), 이름은 준(準), 송(宋)나라의 어진 재상. 요(遼)가 침입했을 때 전주에서 맹약(盟約)을 맺어 시국을 수습하였다. 그 공로로 내국공(萊國公)에 봉해졌기 때문에 구래공(寇萊公)으로 불린다.
육회명(六悔銘) : 여섯 가지 후회될 일을 경계하는 글.

설명 ① 관직에 있을 때 사리사욕을 취하지 마라. ② 부유할 때 근검절약하라. ③ 젊어서 기술을 배워라. ④ 일찍이 일 처리하는 능력을 키워야 한다. ⑤ 술 취했을 때 흰소리치지 마라. ⑥ 평소에 건강관리를 잘하라.

寇 도둑 구, 萊 명아주 래, 悔 뉘우칠 회, 銘 새길 명, 曲 굽을 곡,
儉 검소할 검, 藝 기예 예, 醉 취할 취, 狂 미칠 광, 醒 깰 성, 息 숨쉴 식.

存心篇 14

益智書(익지서)에 云(운)하였으되,

寧無事而家貧(영무사이가빈)이언정 莫有事而家富(막유사이가부)요

寧無事而住茅屋(영무사이주모옥)이언정 不有事而住金屋(불유사이주금옥)이요

寧無病而食麤飯(영무병이식추반)이언정 不有病而服良藥(불유병이복양약)이니라.

「익지서」에 이르기를,
차라리 아무 사고 없이 집이 가난할지언정
사고 있으면서 집이 부자되지 말 것이요,
차라리 아무 사고 없이 초가에 살지언정
사고 있으면서 좋은 집에서 살지 말 것이요,
차라리 병이 없이 거친 밥을 먹을지언정
병이 있으면서 좋은 약을 먹지 말 것이니라.

참고 막유(莫有) : ~하는 일이 없어야 한다. 추반(麤飯) : 거친 잡곡밥, 조밥.

설명 사고가 있으면 좋은 집이나 음식이 아무 소용이 없다는 내용이다.
여기서 '사고'란 무엇을 뜻함일까? 바르지 못한 일로 얻어진 결과를 말했다고 보아야 한다.
부자로 큰 집에 살면서 집안에 탈이 많은 것보다 가난하게 살아도 화목하고 집안이 안락한 편이 좋다.
약을 복용하면서 병에 시달리는 것보다 거친 보리밥을 들면서 건강하게 사는 편이 훨씬 더 좋고 행복하다.

益 더할 익, 寧 편안할 녕(영), 莫 말 막, 茅 띠 모, 屋 집 옥, 金 황금 금,
麤 거칠 추, 飯 밥 반, 服 복용할 복, 良 좋을 량, 藥 약 약.

存心篇 15

心安茅屋穩하고 性定菜羹香이니라.
심 안 모 옥 온　　성 정 채 갱 향

마음이 편안하면 초가집도 평온하고, 성품이 안정되면 나물국도 향기로우니라.

참고 모옥(茅屋) : 띠풀집, 초가집. 채갱(菜羹) : 나물국.

설명 마음의 평안이 모든 평온에 우선한다. 공자의 제자 중에 도락이 가장 뛰어났던 사람으로 안자(顏子)가 있었다. 공자는 '안회(顏回, 回는 안자의 이름)는 석 달 동안 인(仁)을 어기지 않았다'고 칭찬하였다.

'한 그릇의 도시락밥과 한 바가지의 표주박 물로 누추한 곳에 살면서도 자신의 즐거움을 고치지 않으니 착하구나, 안회여.' 하였고, '나물밥을 먹고 물을 마시며 팔베개로 누워 있어도 즐거움이 그 속에 있도다' 함은 안자 자신이 한 말이다.

穩 평온할 온, 性 성품 성, 菜 나물 채, 羹 국 갱, 香 향기 향.

存心篇 16

景行錄(경행록)에 云(운)하였으되,

責人者(책인자)는 不全交(부전교)요 自恕者(자서자)는 不改過(불개과)니라.

「경행록」에 이르기를,

남을 잘 꾸짖는 자는 온전한 사귐을 못하고, 자신의 잘못을 용서하는 자는 허물을 고치지 못하느니라.

참고 부전교(不全交) : 사귐을 온전히 할 수 없다. 자서(自恕) : 스스로 용서하다.

설명 남에게는 관용을 베풀고 자기 관리는 엄하게 하라. 남을 잘 꾸짖는 자일수록 자신의 과오에 관대하고 무슨 변명을 해서라도 용서하려 한다.

責 꾸짖을 책, 交 사귈 교, 恕 용서할 서, 改 고칠 개, 過 허물 과.

存心篇 17

夙興夜寐하여 **所思忠孝者**는 **人不知**나 **天必知**
숙 흥 야 매 소 사 충 효 자 인 부 지 천 필 지

之요 **飽食煖衣**하여 **怡然自衛者**는 **身雖安**이나
지 포 식 난 의 이 연 자 위 자 신 수 안

其如子孫에 **何**오.
기 여 자 손 하

아침 일찍 일어나면서부터 밤이 깊어 삼들 때까지 부모에게 효도하고 임금에게 충성하는 자는, 사람들은 알지 못하나 하늘이 반드시 알 것이요, 배불리 먹고 따뜻하게 입고서 안락하게 제 몸만 보호하는 자는 몸은 비록 편안하나 그 자손들은 어찌될 것인가?

참고 숙흥야매(夙興夜寐) : 아침 일찍 일어나고 밤늦게 자는 것. 이 문구(文句)는 사람들에게 일찍 일어나서 종일 부지런히 일할 것을 강조하는 의미로 흔히 쓰여지고 있다. 포식난의(飽食煖衣) : 배불리 먹고 따뜻하게 옷 입는 것. 이연(怡然) : 즐겁게. 자위(自衛) : 자신을 보호하는 것.

설명 지성(至誠)이면 감천(感天)이라. 정성에는 하늘도 감동한다. 내 직분만 다하면 온 천하는 태평할 것이다. 내 할 일을 내가 성실히 수행할 뿐이지 남의 일에 간섭함이 없는 것이다. 그래서 충성(忠誠)이라 한다.

자식으로서 정성을 바쳐야 할 대상이 부모이다. 사람이 이 세상에 태어날 때, 아니 태어나기 이전에 어머니의 뱃속에서부터 이미 맺어진 관계가 어버이와 자식이라는 관계이다. '효는 온갖 행동의 근원(孝百行之源)'이다.

夙 일찍 숙, 興 일 흥, 寐 잠잘 매, 忠 충성 충, 孝 효도 효, 飽 배부를 포, 煖 따뜻할 난, 怡 기쁠 이, 衛 지킬 위, 雖 비록 수.

存心篇 18

以愛妻子之心으로 事親이면 則曲盡其孝이요 以保富貴之心으로 奉君이면 則無往不忠이요 以責人之心으로 責己이면 則寡過요 以恕己之心으로 恕人이면 則全交니라.

이애처자지심 사친 즉곡진기효 이보부귀지심 봉군 즉무왕불충 이책인지심 책기 즉과과 이서기지심 서인 즉전교

아내와 자식을 사랑하는 마음으로 어버이를 섬긴다면 그 효도가 극진할 것이요, 부귀를 보전할 마음으로 임금을 받든다면 그 어디에서도 충성되지 않음이 없을 것이요, 남을 책망하는 마음으로 자기를 책망한다면 허물이 적을 것이요, 자기를 용서하는 마음으로 남을 용서한다면 사귐을 온전히 할 수 있을 것이니라.

참고 사친(事親) : 부모님을 섬김. 곡진(曲盡) : 마음과 정성이 지극함.
봉군(奉君) : 임금을 받들다. 과과(寡過) : 허물이나 과실이 적어진다.

설명 '사랑'의 속성은 물과 같다고 할 수 있다. 물이란 아래로만 흐르지 위로 흐르지 않는다. 사랑도 아래로 내리기가 쉽지, 위로 올라가기란 매우 어렵다. 부모에세서 사식에게로 흐르는 아무 조건 없는 사랑이 바로 그것이다. 자식이 태어나면 이러한 사랑의 조건 없는 흐름을 받아 인간애를 축적하는 것이다.

以 써 이, 愛 사랑 애, 妻 아내 처, 事 섬길 사, 則 곧 즉, 盡 다할 진,
保 지킬 보, 往 갈 왕, 寡 적을 과, 恕 용서할 서.

存心篇 19

爾謀不臧이면 悔之何及이며 爾見不長이면 敎之何益이리오. 利心專則背道요 私意確則滅公이니라.
이모부장 회지하급 이견부장 교지하익 이심전즉배도 사의확즉멸공

네가 도모한 일이 옳지 못했다면 후회한들 무슨 소용이 있겠으며, 네 소견(식견)이 바르지 못하다면 가르친들 무슨 유익함이 있으리오. 이(利)를 생각하는 마음만 오로지 하면 도(道)에 위배되고, 사사로운 생각만 굳어 있으면 공사(公事)를 망치게 되느니라.

설명 악하게 하고 후회한들 무슨 소용이 있는가? 이기적 탐욕이 넘치면 하늘의 도리를 어기게 된다. 대공무사(大公無私)해야 한다.

爾 너 이, 謨 꾀할 모, 臧 착할 장, 悔 뉘우칠 회, 益 더할 익, 利 이로울 리, 專 오로지 전, 背 등 배, 意 뜻 의, 確 굳을 확, 滅 멸할 멸.

存心篇 20

生事事生이요 省事事省이니라.
생사사생 생사사생

일을 만들면 일이 생기고, 일을 덜면 일이 줄어지느니라.

生 날 생, 事 일 사, 省 덜(생략할) 생, 살필 성.

계성편(戒性篇)

참고 견디는 자기 수양을 쌓아라.

戒性篇 1

景行錄에 云하였으되, 人性이 如水하여 水一傾則不可復이요 性一縱則不可反이니 制水者는 必以堤防하고 制性者는 必以禮法이니라.

경행록 운, 인성 여수 수일경즉 불가복 성일종즉불가반 제수자 필이제방 제성자 필이예법

「경행록」에 이르기를,

사람의 성품은 물과 같아서 물이 한 번 기울어지면 다시 되돌려 담을 수 없고, 성품이 한번 방종해지면 돌아올 수 없으니, 물을 제어하려는 자는 반드시 둑(제방)으로써 하고, 성품을 제어하려는 자는 반드시 예법으로써 할지니라.

참고 인성(人性) : 사람의 성품. 불가복(不可復) : 되돌려 담을 수 없다.
제성(制性) : 나쁜 성품을 억제한다.

설명 하늘로부터 주어진 인간의 본성은 착하다. 그러나 이기적인 욕심에 혼탁하게 되면 사나워지고 방종해진다. 땅에 엎질러진 물을 다시 담을 수 없듯이 한 번 일탈한 성품은 되돌리기 어렵다. 어려서부터 예절과 법도로써 잘 제어해야 한다.

傾 기울 경, 縱 늘어질 종, 制 제어할 제, 堤 방죽 제, 禮 예도 례.

戒性篇 2

忍一時之忿이면 **免百日之憂**니라.
인 일 시 지 분 면 백 일 지 우

한때의 분함을 참으면 백일의 근심을 면할 수 있느니라.

설명 일시적인 분노나 격분을 참지 못하고 폭발시켜 남을 매도하거나 남과 싸움하면 결국은 서로 원한을 품게 되고, 심한 경우에는 인명을 살상하는 불상사까지 발생하게 된다. 또한 사회적으로 죄를 범하고 평생을 불행하게 살아야 한다. '참을 인(忍)'은 '자신의 마음에 칼날을 댄 듯이 분을 참고 견딘다'는 뜻이다. 평소에 예의범절을 몸에 익히면 분기를 참을 수 있다.

忍 참을 인, 忿 성낼 분, 免 면할 면, 憂 근심할 우.

戒性篇 3

得忍且忍이요 **得戒且戒**하라 **不忍不戒**면 **小事成大**니라.
득 인 차 인 득 계 차 계 불 인 불 계 소 사 성 대

참을 수 있는 대로 우선 참고, 경계할 수 있는 대로 또 경계하라. 만일 매사를 참지 않고 경계하지 않으면 작은 일이라도 걷잡을 수 없이 커지게 되느니라.

설명 '백 번 참으면 천하에 어려운 일이 없다(百忍天下無難事)'하였고, 옛날 시집가는 딸에게 참을 인(忍)자 석 자를 써주며 어려운 일이 있을 때마다 보라고 하였다.

'인(仁)은 남에게 하지 못하는 마음이라(仁者 不忍人之心)'하였다. 이때 불인(不忍)은 '참지 않는다'가 아니라 '차마 하지 못한다'의 뜻이다.

忍 참을 인, 且 또 차, 戒 경계할 계, 事 일 사, 成 이룰 성.

戒性篇 4

愚濁生嗔怒는 **皆因理不通**이라
우탁생진노 개인리불통

休添心上火하고 **只作耳邊風**하라
휴첨심상화 지작이변풍

長短은 **家家有**요 **炎涼**은 **處處同**이라
장단 가가유 염량 처처동

是非無實相하여 **究竟摠成空**이니라.
시비무실상 구경총성공

어리석고 못난(흐릿한) 자가 성을 내는 것은 모두 이치에 통하지 못한 까닭이다. 마음 위에 불길(화를)을 더하지 말고 다만 귓전을 스치는 바람결로 여겨라.

장점과 단점은 집집마다 있는 일이고, 따뜻하고 서늘한 것은 어디에나 같으니라. 옳고 그름이란 본디 실상(實相)이 없어서 마침내는 모두 다 빈 것이(헛것이) 되느니라.

참고 이불통(理不通) : 이치에 통하지 못한 것. 휴첨(休添) : 첨은 더하는 것, 휴(休)는 하지 말라는 뜻. 즉 더하지 말라는 것. 이변풍(耳邊風) : 귓전을 스쳐 가는 바람결. 염량(炎凉) : 따뜻하고 서늘한 것. 염량세태(炎凉世態)란 말이 있음. 즉 내가 돈이 있거나 권세가 있을 때는 다른 사람들이 나를 따뜻하게 대해 주지만 돈이 없어지고 권세가 떨어졌을 때는 차갑게 대하는 세상인심을 말한다.

설명 어리석다 함은 이치에 어두움을 말하는 것이요, 어리석으면 화를 잘 내는 것이다. 공부란 이 이치를 깨달아 어리석음에서 벗어나려는 것이다.

남의 시비는 귓가로 스치는 바람 정도로 여겨 마음에 두거나 입에 옮겨 담을 필요가 없다. 누구에게나 장단점은 다 있는 것이니 수양하는 사람은 남의 단점은 보지 않고, 장점만을 보며 또 그것을 취하여 교훈으로 삼는다. 염량(炎凉)이란 덥고 서늘함의 뜻이나 세태가 자신의 편리함에 따라 변하는 무상한 인정을 말하는 것이다.

愚 어리석을 우, 濁 흐릴 탁, 嗔 성낼 진, 添 더할 첨, 邊 가 변,
短 짧을 단, 炎 불탈 염, 凉 서늘할 량, 處 살 처, 非 아닐 비,
實 열매 실, 究 궁구할 구, 竟 다할 경, 摠 모두 총.

戒性篇 5

子張이 欲行에 辭於夫子할새
자장 욕행 사어부자

願賜一言爲修身之美하노이다.
원사일언위수신지미

子曰 百行之本이 忍之爲上이니라
자왈 백행지본 인지위상

子張이 曰, 何爲忍之잇고
자장 왈, 하위인지

子曰 天子忍之면 國無害하고 諸侯忍之면 成其
자왈 천자인지 국무해 제후인지 성기

大하고 官吏忍之면 進其位하고 兄弟忍之면 家
대 관리인지 진기위 형제인지 가

富貴하고 夫妻忍之면 終其世하고 朋友忍之면
부귀 부처인지 종기세 붕우인지

名不廢하고 自身忍之면 無禍害니라.
명불폐　자신인지　무화해

자장(子張)이 장차 길을 떠나고자 하여 부자(夫子, 孔子)께 하직 인사를 올릴 때,

"원컨대 몸을 닦는데 가장 아름다운 요점을 한마디로 말씀해 주시기를 바랍니다." 하니, 공자께서 말씀하셨다.

"백 가지 모든 행실의 근본은 참는 것이 으뜸이니라." 자장이 다시 물었다. "어떻게 참아야 합니까? 자세히 말씀해 주십시오."

공자께서 다시 말씀하셨다.

"천자가 참으면 온 국가에 해로움이 없을 것이고, 제후(諸侯)가 참으면 자기가 다스리는 땅이 커질 것이고, 벼슬아치가 참으면 제 지위가 올라갈 것이고, 형제간에 참으면 그 집이 부귀(富貴)를 누릴 것이고, 부부(夫婦)가 서로 참으면 일생을 함께 해로(偕老)할 것이고, 친구끼리 서로 참으면 상대방의 명예를 떨어뜨리지 않을 것이고, 자신이 혼자서 참으면 재앙이 없을 것이니라."

참고 자장(子張) : 공자의 제자. 사일언(賜一言) : 한 말씀 내려주십시오.
하위(何爲) : (참음이란) 어떻게 하는 것입니까?

설명 수신의 근본을 물은 제자에게 공자는 '참을 인(忍)'을 강조한다. 사사로운 욕심과 과격한 감정 표현을 억제하는 것을 수신의 출발점으로 삼아야 한다. 이기적인 탐욕이나 과격한 감정 표현은 모든 재난의 근원이다.

辭 말 사, 願 원할 원, 賜 줄 사, 修 닦을 수, 美 아름다울 미, 本 밑 본, 忍 참을 인, 爲 할 위, 何 어찌 하, 諸 모든 제, 侯 임금 후, 吏 벼슬아치 리, 夫 지아비 부, 妻 아내 처, 終 끝날 종, 朋 벗 붕, 廢 폐할 폐, 禍 재화 화.

戒性篇 6

子張이 曰, 不忍則如何잇고
자 장 왈, 불인즉여하

子曰, 天子不忍이면 國空虛하고 諸侯不忍이면 喪
자 왈, 천 자 불 인 국 공 허 제 후 불 인 상

其軀하고 官吏不忍이면 刑法誅하고 兄弟不忍이면
기 구 관 리 불 인 형 법 주 형 제 불 인

各分居하고 夫妻不忍이면 令子孤하고 朋友不忍
각 분 거 부 처 불 인 영 자 고 붕 우 불 인

이면 情意疎하고 自身不忍이면 患不除니라.
정 의 소 자 신 불 인 환 부 제

子張이 曰, 善哉善哉라 難忍難忍이여 非人不
자 장 왈, 선 재 선 재 난 인 난 인 비 인 불

忍이요 不忍非人이로다.
인 불 인 비 인

자장(子張)이 다시 물었다.
"만일 참지 않는다면 어떻게 됩니까?"
공자께서 말씀하셨다.
"천자의 몸으로서 만일 참지 않는다면 온 나라 안이 빈 터가 되어버릴 것이고, 제후(諸侯)가 참지 않으면 그 몸을 잃게 되고, 벼슬아치가 참지 않는다면 법에 걸려 죽게 될 것이고, 형제끼리 참지 않는다면 각각 헤어져 살 게 될 것이고, 부부가 서로 참지 않는다면 자식을 외롭게 할 것이고, 친구끼리 참지 않는다면 정의(情意)가 소원해질 것이고, 자기 자신이 참지 않으면 근심이 없어지지 않을 것이니라."

자장이 감탄해 말하였다.

“참 좋으신 말씀입니다. 참는 것이란 참으로 어렵고 또 어려운 것이로군요! 그러하오니 사람이 아니면 참지 못할 것이요, 또한 참지 못한다면 사람이 아니로다.”

참고 국공허(國空虛) : 나라가 텅 비게 된다. 즉 훌륭한 인재가 없어지고 국력이 쇠잔해진다. 영자고(令子孤) : 자식을 고아로 만들다. 정의소(情意疎) : 우정과 의리가 소원해짐.

설명 대의(大義)를 위해 소아(小我)를 극복해야 한다. 그러기 위해서는 각자가 동물적・이기적 탐욕을 억제하고 원색적 감정 폭발을 눌러야 한다. 그렇지 않으면 공동체를 구성할 수 없다.

공자께서 말씀하셨다. ‘천자가 참지 않으면 나라가 망하고, 제후가 참지 않으면 몸을 잃게 되고, 벼슬아치가 참지 않으면 법에 걸려 죽게 되고, 형제가 참지 않으면 분산하게 되고, 부부가 참지 않으면 자식들을 고아로 만들고, 붕우가 참지 않으면 의리가 단절되고, 자신이 참지 않으면 화를 면치 못한다.’

虛 빌 허, 喪 죽을 상, 軀 몸 구, 刑 형벌 형, 誅 벨 주, 居 있을 거, 令 시킬 령, 孤 외로울 고, 疎 트일 소, 患 근심 환, 除 제거할 제, 哉 어조사 재, 難 어려울 난, 非 아닐 비.

戒性篇 7

景行錄에 云하였으되,
경행록 운

屈己者는 能處重하고 好勝者는 必遇敵이니라.
굴기자 능처중 호승자 필우적

「경행록」에 이르기를,

자신을 굽힐 줄 아는 자는 중요한 자리에 처할 수 있고, 남을 이기기를 좋아하는 자는 반드시 적을 만나게 되느니라.

참고 굴기자(屈己者) : 자기를 굽힐 줄 아는 사람. 처중(處重) : 중대한 일을 처리함. 필우적(必遇敵) : 반드시 강한 적을 만나다.

설명 '자기를 굽힘'은 굴종(屈從)과 다르다. 자기만의 편견・아집・탐욕을 버리고, 대의명분을 밝히고 또 소아(小我)보다 대아(大我)를 높인다는 뜻이다. 그래야 큰 일을 할 수가 있다. 자기의 좁은 식견이나 고집만을 부리면 또 다른 고집쟁이와 맞부닥뜨리고 싸우게 마련이다. 심성을 수양하고 인격이 높은 사람은 대의(大義)를 위해 살신성인(殺身成仁)한다.

옛날 강태공(姜太公)은 은(殷)나라 말년에 세상이 어지러워 숨어 살면서 위수(渭水) 가에서 낚시질로 세월을 보냈다. 그 낚시도 고기를 잡기 위한 것이 아니라 미래의 때를 기다리기 위해서였다. 그래서 그 낚시는 곧은 낚시였다 한다. 이렇게 때를 기다려 주(周)나라의 문왕(文王)을 만나 선정(善政)을 베풀어 새로운 천하를 세우는데 큰 공을 세웠던 것이다.

※ 태공망(大公望) : 태공이 애써 기다리고 있던 인물을 일컬음. 강태공(姜太公), 주(周)의 무왕(武王)을 도와 은(殷)나라를 멸하고 천하를 평정하여 제(齊)나라를 얻었다. 문왕(文王)이 위수(渭水) 가에서 만나 스승으로 삼았다.

屈 굽을 굴, 己 자기 기, 能 능할 능, 處 살 처, 好 좋을 호, 勝 이길 승, 必 반드시 필, 遇 만날 우, 敵 원수 적.

戒性篇 8

惡人이 **罵善人**커든 **善人**은 **摠不對**하라
악인 매선인 선인 총부대

不對는 **心淸閑**이요 **罵者**는 **口熱沸**니라
부대 심청한 매자 구열비

正如人唾天하여 **還從己身墜**니라.
정여인타천 환종기신추

악한 사람이 선한 사람을 꾸짖거든 선한 사람은 도무지 이에 대꾸하지 말라. 대꾸하지 않는 사람은 마음이 맑고 한가로울 것이요, 꾸짖는 자의 입은 뜨겁게 끓어오르리라. 마치 사람이 하늘을 향해 침 뱉는 것과 같아서 도로 자기 몸에 떨어지는 것과 같으니라.

참고 매(罵) : 욕하다. 꾸짖는 것. 총(摠) : 도무지. 아예. 부대(不對) : 상대하지 않는다. 대꾸하지 않음. 청한(淸閑) : 맑고 한가한 것. 열비(熱沸) : 뜨겁게 끓어오르다.

설명 길이 아니거든 가지 말며 말이 안 되거든 상대하지 않는 것이 상책이다. 이치에 닿지 않는 말을 이치로 맞서 보았자 거기에는 건설적인 이론이 성립될 수 없다. 차라리 침묵으로 시위를 하여 상대방 스스로가 잘못된 논리임을 깨닫게 하는 편이 낫다. '너에게서 나온 것은 너에게로 되돌아간다(出乎爾者 反乎爾)'는 가르침이 있다. 이를 우리 속담에, '누워서 침 뱉기'라 한다. '외 심은 데 외 난다(種瓜得瓜)'는 격언도 이러한 점을 경계한 말이다.

罵 욕할 매, 摠 모두 총, 沸 끓을 비, 唾 침 타, 墜 떨어질 추.

戒性篇 9

我若被人罵라도 佯聾不分說하라
아 약 피 인 매 양 롱 불 분 설

譬如火燒空하여 不救自然滅이라
비 여 화 소 공 불 구 자 연 멸

我心은 等虛空이어늘 摠爾飜脣舌이니라.
아 심 등 허 공 총 이 번 순 설

내가 만일 남에게 욕설을 당하더라도
거짓 귀먹은 체하고 시비를 가려 말하지 말라.
비유하건대 이것은 마치 불이 허공에서 타다가
끄지 않아도 저절로 꺼지는 것과 같으니라.
내 마음은 허공과 같거늘
모두 너의 입술과 혀만이 번거로울 뿐이니라.

참고 피인매(被人罵) : 남에게 매도되다. 불분설(不分說) : 따지고 대들지 않음. 비여(譬如) : 비유하면 ~와 같다. 화소공(火燒空) : 텅 빈 공중에서 불이 타다. 불구(不救) : 불을 끄지 않아도. 자연멸(自然滅) : 스스로 꺼지다. 허공(虛空) : 텅 빈 하늘.

설명 앞의 논리와 같은 내용이다. 남의 시비에 못 들은 체하고 있으면 말하던 사람도 스스로 멋게 마련이다. '말로써 말 많으니 말 말을까 하노라'의 옛시조도 이러한 면을 훈계한 내용이다.

욕하고 매도하는 자를 상대하지 마라. 상대가 불같이 화를 내고 덤벼들어도 맞장구를 치지 않으면 그 불이 꺼지게 마련이다.

被 입을(당할) 피, 佯 거짓 양, 聾 귀머거리 롱, 譬 비유할 비, 燒 사를 소, 滅 멸망할 멸, 飜 뒤칠 번, 脣 입술 순.

戒性篇 10

凡事에 留人情이면 後來에 好相見이니라.
범사 유인정 후래 호상견

모든 일에 인정을 남겨두면, 뒷날에 좋은 얼굴로 서로 보게 되느니라.

참고 범사(凡事) : 모든 일. 유인정(留人情) : 모든 사람에게 다정하게 한다. 후래(後來) : 후일에. 호상견(好相見) : 좋은 낯이나 감정으로 서로 대한다.

설명 모든 사람을 사랑하고 모든 사람에게 인정을 베풀어라. '남에게 은혜와 의리를 넓게 베풀어라. 인생살이 어느 곳에서 또 만나지 않으랴. 남에게 원수와 원한을 맺게 하지 말라. 좁은 길목에서 마주치면 피하기 어렵다(恩義廣施 人生何處 不相逢 讐怨莫結 路逢狹處 難回避).'

사람은 하늘로부터 착한 본성을 받고 태어났다. 그러나 동물적 본능과 이기적 탐욕을 앞세우므로 남을 속이거나 심하면 남을 해치게 하고 재물을 탈취하는 악덕을 자행하는 것이다. 하늘이 준 착한 본성을 잃지 않기 위해서는 동물적이고 또 이기적인 탐욕을 억제하고 참아야 한다. 「논어(論語)」에서, '사사로운 욕심을 극복하고 예에 돌아가야 인덕을 세운다(克己復禮爲仁)'고 공자께서 말씀하셨다.

凡 무릇 범, 事 일 사, 留 머무를 류, 情 뜻 정, 後 뒤 후, 來 올 래, 好 좋을 호, 相 서로 상, 見 볼 견.

근학편(勤學篇)

부지런히 배워 익혀서 새롭게 발전시켜라.

勤學篇 1

子夏曰, 博學而篤志하고 切問而近思하면 仁在其中矣니라.
자하왈, 박학이독지 절문이근사 인재기중의

자하가 말하였다.

널리 배워 뜻을 독실히 하고, 간절하게 묻고 생각을 가까이 하면 인(仁)은 그 가운데 있느니라.

참고 자하왈(子夏曰) : 통행본에는 자왈(子曰)로 되어 있으나 「논어(論語)」에 의거하였다. 독지(篤志) : 뜻을 독실하게 세우다. 인(仁) : 인행(仁行)·인덕(仁德)·인도(仁道). 근사(近思) : 가까이 자기 몸에 견주어 생각하다.

설명 배우는 일과 행하는 일은 상대적으로 존재하면서도 하나로 일치해야 하는 것이다. 널리 배우는 것은 옳은 행동을 하기 위함이다. 뜻을 독실히 한다는 것은 옳은 행동을 하기 위한 마음가짐이다.

모든 진리는 가까운 곳에 있다. 철학적 진리뿐만 아니라 자연 사물의 원리도 자신의 주변에서 찾아낸 것이다. 동양의 학문적 진리는 모두 자기 자신에게서 찾아 한 사회, 한 국가에까지 확산되는 것이다. 그것이 바로 '수신·제가·치국평천하(修身齊家治國平天下)의 이론이다.

博 넓을 박, 篤 도타울 독, 志 뜻 지, 切 끊을 절(모두 체), 矣 어조사 의.

勤學篇 2

莊子曰, 人之不學은 如登天而無術하고 學而智遠이면 如披祥雲而覩靑天하고 登高山而望四海니라.

장자왈, 인지불학 여등천이무술 학이지원 여피상운이도청천 등고산이망사해

장자가 말하였다.

사람이 배우지 아니하면 하늘을 오르려 하되 재주가 없는 것과 같고, 배워서 지혜가 원대해지면 상서로운 구름을 헤쳐서 푸른 하늘을 보는 것과 같고, 높은 산에 올라 온 사방의 바다를 바라보는 것과 같으니라.

참고 등천이무술(登天而無術) : 신선이 되어 하늘에 오르고 싶으나 도술이 없어 못함. 지원(智遠) : 학식이나 지혜가 많고 원대함. 피상운(披祥雲) : 상서로운 구름을 헤치다.

설명 공자께서 말씀하신 적이 있다.

'뒷동산에 올라서 보니 노(魯)나라의 조국도 작고, 태산에 올라서 보니 천하가 작더라' 하였다. 이는 학문이 깊어질수록 시야가 넓어진다는 표현으로 이해할 수도 있다.

당나라의 시인 두보(杜甫)가 태산을 두고 지은 시에 '한 번 바라보매 뭇 산이 작다(一覽衆山小)'함이 있다. 역시 학문이 높아지면 시야가 넓고, 시야가 넓으면 미시적(微視的)으로 깊이 이해할 수 있다는 말이기도 하다.

如 같을 여, 登 오를 등, 術 꾀 술, 智 슬기 지, 遠 멀 원, 披 나눌 피, 祥 상서로울 상, 雲 구름 운, 覩 볼 도, 海 바다 해.

勤學篇 3

禮記에 曰, 玉不琢이면 不成器하고 人不學이면 不知義니라.

예기 왈, 옥불탁 불성기 인불학 부지의

「예기」에 이르기를,
옥돌은 다듬지 않으면 그릇을 이루지 못하고, 사람은 배우지 않으면 도의(道義)를 알지 못하니라.

참고 「예기(禮記)」: 오경(五經)의 하나로서 예의 원리와 예절에 대한 기록. 옥불탁(玉不琢): 옥돌도 다듬지 않으면. 불성기(不成器): 옥그릇이나, 기물이 되지 못함. 불학(不學): 배우지 않으면, 의(義): 도의(道義) 및 사회생활의 바른 의리나 준칙(準則). '道'로도 되어 있다.

설명 배울 학(學)의 깊은 뜻은 '배워서 하늘의 도리를 깨닫고[覺] 아울러 그 도리를 실천함[效]이다.'

기능이나 기술을 배우고 익히는 일도 중요하다. 그러나 더 중요한 것은 인간으로서 바르고 보람 있게 사는 도리를 터득하고 실천하는 일이다.

'자르고 다듬고 갈고 닦는다(切磋琢磨)'는 말은 옥을 다듬는 과정을 말한 것으로 학문적 수련에 비유되어 쓰인다.

돌은 다듬어 보석으로 만들고, 사람은 배우는 것으로써 옳은 진리를 알자는 것이니, 이 옳은 진리가 따지고 보면 보석인 것이다.

禮 예도 예, 琢 쪼일 탁, 器 그릇 기, 義 옳을 의.

勤學篇 4

太公이 曰, 人生不學이면 如冥冥夜行이니라.
태공 왈, 인생불학 여명명야행

태공이 말하였다.
사람이 태어나 배우지 아니하면 어둡고 어두운 밤길을 가는 것과 같으니라.

참고 인생(人生) : 사람이 세상을 살아가는 일. 명명(冥冥) : 어둡고 어둡다.
야행(夜行) : 밤길을 가다.

설명 배움이란 마음을 밝히자는 것이다. 밤길을 걷는 것과 같다 함은 마음이 어둡기 때문에 밝은 대낮이라 하더라도 사물의 이치를 모르니 어두운 길을 걷듯이 답답할 수밖에 없다.

如 같을 여, 冥 어두울 명, 夜 밤 야, 行 갈 행.

勤學篇 5

韓文公이 曰, 人不通古今이면 馬牛而襟裾니라.
한문공 왈, 인불통고금 마우이금거

한문공 유(愈)가 말하였다.
사람으로서 고금의 이치를 통달하지 못하면 말과 소에게 옷을 입혀 놓은 것과 같으니라.

참고 한문공(韓文公) : 당대(唐代)의 문장가 한유(韓愈), 자는 퇴지(退之).
통고금(通古今) : 과거의 역사와 오늘의 사정에 통달함.

설명 이 글은 성남(城南)에서 독서하면서 지은 장시(長詩)의 한 구절이다.

학문이 어찌 고귀하지 않은가? 경전의 가르침이 묵은 텃밭이지. 도랑물은 근원이 없으니, 아침에 흘러도 저녁이면 마르네. 사람이 고금을 통달하지 못하면 마소에 옷을 입힌 것이지. 살아감이 불의에 빠지거늘 더구나 명예를 바라겠나. 때는 가을장마도 걷혔으니 서늘한 햇바람 들에서 부네. 등불을 점점 가까이할 만하니 책을 펼칠 만하다.

古 예 고. 今 이제 금. 襟 옷깃 금. 裾 옷자락 거.

勤學篇 6

朱文公이 曰, 家若貧이라도 不可因貧而廢學이요 家若富라도 不可恃富而怠學이니 貧若勤學이면 可以立身이요 富若勤學이면 名乃光榮이니라. 惟見學者顯達이요 不見學者無成이니라. 學者는 乃身之寶요 學者는 乃世之珍이니라. 是故로 學則乃爲君子요 不學則爲小人이니 後之學者는 宜各勉之니라.

주문공 왈, 가약빈 불가인빈이폐학 가약부 불가시부이태학 빈약근학 가이입신 부약근학 명내광영 유견학자현달 불견학자무성 학자 내신지보 학자 내세지진 시고 학즉내위군자 불학즉위소인 후지학자 의각면지

주문공이 말하였다.

집이 만약 가난하더라도 가난으로 인하여 학문을 폐해서는 안 되고, 집이 만약 부유하더라도 부유한 것을 믿고 학문을 게을리해서는 안 된다. 가난한 자가 만약 부지런히 배운다면 몸을 세울 수 있을 것이요, 부유한 자가 만약 부지런히 배운다면 이름이 더욱 빛날 것이니라.

오직 배운 자가 현달(顯達 : 입신출세)한 것을 보았으며, 배운 사람으로서 성취(成就)하지 못한 예는 없느니라.

배움이란 곧 몸의 보배요, 배운 사람은 곧 세상의 보배이니라.

그러므로 배우면 군자가 되고, 배우지 않으면 소인이 되니, 후세에 배우는 자들은 마땅히 각각 힘써야 하느니라.

참고 주문공(朱文公) : 주자(朱子). 폐학(廢學) : 학문을 폐하다. 시부(恃富) : 부유함을 믿는다. 근학(勤學) : 부지런히 배운다. 세지진(世之珍) : 진(珍)은 보기 드문 보배의 뜻으로서, 세상의 진귀한 보배로 풀이됨. 군자(君子) : 학식과 인덕(仁德)을 갖춘 인격자. 소인(小人) : 자기의 물질적 이득만을 탐하는 사람.

설명 개인이나 사회 및 국가가 발전하기 위해서는 학문이 절대로 필요하다. 학문을 바탕으로 과학 기술도 발달하고 사회의 윤리 도덕도 향상되고 또 국가도 부강(富强)하게 된다.

단 학문이나 과학 기술은 선용(善用)되어야 한다. 그러기 위해서는 모든 사람이 대아(大我)에 사는 군자가 되어야 한다. 지식을 악용하는 소인이 되면 안 된다.

若 만약 약, 貧 가난할 빈, 因 인할 인, 廢 폐할 폐, 恃 믿을 시, 怠 게으를 태, 勤 부지런할 근, 乃 이에 내, 榮 영화 영, 惟 오직 유, 顯 나타날 현, 達 통달할 달, 則 곧 즉, 宜 마땅할 의, 各 각각 각, 勉 힘쓸 면.

勤學篇 7

徽宗皇帝曰, 學者는 如禾如稻하고 不學者는 如蒿如草로다 如禾如稻兮여 國之精糧이요 世之大寶로다 如蒿如草兮여 耕者憎嫌하고 鋤者煩惱니라 他日面墻에 悔之已老로다.

휘종황제왈, 학자 여화여도 불학자 여호여초 여화여도혜 국지정량 세지대보 여호여초혜 경자증혐 서자 번뇌 타일면장 회지이로

휘종 황제가 말하였다.

배운 사람은 곡식과 같고 벼와 같으며, 배우지 않은 사람은 쑥과 같고 풀과 같도다. 곡식과 같고 벼와 같음이여! 나라의 좋은 양식이요 세상의 큰 보배로다. 쑥과 같고 풀과 같음이여! 밭을 가는 이 싫어하고 김매는 이 귀찮아하느니라. 뒷날 담장에 낯(얼굴)을 대한 듯이 답답해하며, 뉘우친들 그때에는 이미 늙었으니 배우지 못하리라.

참고 휘종황제(徽宗皇帝) : 북송(北宋)의 제8대 임금. 신법당(新法黨)을 등용, 글씨와 그림에 조예가 깊었으며, 고금(古今)의 서화를 모아 「선화서화보(宣化書畵譜)」를 만들었음. 증혐(憎嫌) : 싫어한다. 서자(鋤者) : 서(鋤)는 호미의 뜻으로, 김매는 사람으로 풀이됨.

설명 배운 사람을 귀중한 벼에 비유했고 안 배운 사람을 농부조차 싫어하는 덤불 쑥에 비유했다. 젊어서 잘 배워야 나라의 좋은 일꾼으로 쓰인다. 늙어서 후회한들 무슨 소용이 있겠느냐?

禾 벼 화, 稻 벼(곡식) 도, 蒿 쑥 호, 糧 양식 량, 耕 밭갈 경, 憎 미워할 증, 嫌 싫어할 혐, 鋤 호미 서, 煩 번잡할 번, 墻 담 장.

論語曰 學如不及이요 惟恐失之니라.
논 어 왈, 학 여 불 급 유 공 실 지

「논어」에 이르기를,
배움은 미치지 못할 듯이 여기고, 오직 배운 것을 잃을까 두려워할지니라.

참고 「논어(論語)」: 공자(孔子)의 말과 행동을 적은 유교의 경전. 사서(四書)의 하나. 공자의 도덕인 '인(仁)'의 뜻과 정치 · 교육에 대한 의견 등이 7권 20편으로 쓰여 있다. 학여불급(學如不及) : 항상 못 미치는 듯이 서둘러 배워야 한다. 惟(오직 유) 대신 猶(오히려 유)를 쓴 책도 있다.
공실지(恐失之) : 배움의 때를 놓칠까 걱정한다.

설명 때를 잃지 않고 배워야 한다.「예기(禮記)」에도 그런 내용이 있다. '옛날의 임금이 나라를 세우고 백성을 다스릴 때는 가르침과 배움을 가장 앞세웠다(古之王者 建國君民 教學爲先).'

及 미칠 급, 惟 생각할(오직) 유, 恐 두려울 공, 失 잃을 실.

훈자편(訓子篇)

가르침을 잘 배워 훌륭한 사람이 되라.

訓子篇 1

景行錄에 云하였으되, 賓客不來면 門戶俗하고 詩書無敎면 子孫愚니라.
경행록 운 빈객불래 문호속 시서무교 자손우

「경행록」에 이르기를,

손님이 찾아오지 않으면 집안이 저속해지고, 시서를 가르치지 않으면 자손이 어리석어지느니라.

참고 훈자(訓子) : 자녀 교육. 학식과 기능 및 심성과 인격을 교육함. 빈객(賓客) : 손님. 문호(門戶) : 집안. 속(俗) : 속되다. 여기서는 저속(低俗)해진다. 시서(詩書) : 「시경(詩經)」과 「서경(書經)」. 우(愚) : 어리석다는 뜻.

설명 공자께서 말씀하시기를 '어떤 친구라도 먼 곳으로부터 찾아와 준다면 기쁜 일이 아니겠느냐(有朋自遠方來 不亦樂乎)'하였다.

친구란 나에게 도움말을 주는 사람이다. 친구가 있어야 나의 잘못에 대해 충고해 준다. 진정한 친구란 나의 잘못을 진정으로 충고해 주는 친구인 것이다. 많은 친구가 찾는다는 것은 이미 그에게 덕이 있다는 말이다.

賓 손 빈, 客 손 객, 俗 풍속 속, 詩 시 시, 書 쓸 서, 敎 가르칠 교, 孫 손자 손, 愚 어리석을 우.

訓子篇 2

莊子曰 事雖小나 不作이면 不成이요 子雖賢이나 不教면 不明이니라.

장 자 왈, 사 수 소 부 작 불 성 자 수 현 불 교 불 명

장자가 말하였다.

일이 비록 작은 것이라도 하지 않으면 이루어지지 않고, 자식이 비록 어질더라도 가르치지 않으면 현명하지 않느니라.

참고 사수소(事雖小) : 비록 작은 일도. 부작(不作) : 작(作)은 '짓는다'는 뜻도 되나, 여기서는 '한다'로 해석해서, 즉 하지 않는 것. 불명(不明) : 밝지 못하다. 즉 사물(事物)의 이치에 어둡다는 뜻.

설명 맹가(孟軻· 軻는 맹자의 이름)의 어머니가 공동묘지 근처에 살았는데, 맹자가 묘지에서 일어나는 일을 흉내 내어 곡(哭)을 하고 무덤 만드는 일만 하였다.

맹자의 어머니는 여기서 자식을 기를 곳이 아니다 하여, 거기서 떠나 시장에 집을 정했더니, 사고파는 장사꾼 일만 하였다.

맹자의 어머니는 여기도 자식을 기를 곳이 아니라 하여 학교 근처로 옮겼더니, 그제야 경건하게 제사지내고 인사하는 등 몸가짐의 예법을 배우려고 하였다. 맹자의 어머니는 여기야말로 참으로 자식을 기를 수 있다 하여 드디어 거기서 살았다.

'맹모삼천지교(孟母三遷之教)' 「소학(小學)」에 실려 있다.

맹자의 어머니의 가르침은 이보다 더 큰 교훈도 있다. '단기지계(斷機之戒)'라 하여 베틀에서 짜고 있던 베를 자른 교훈이 그것이다.

雖 비록 수, 作 지을 작, 賢 어질 현, 明 밝을 명.

訓子篇 3

漢書에 云하였으되, 黃金滿籯이 不如教子一經이요 賜子千金이 不如教子一藝니라.

한서 운 , 황금만영 불여교자일경 사자천금 불여교자일예

「한서」에 이르기를,

황금이 상자에 가득하여도 자식에게 「경서」 한 권을 기르치는 것만 같지 못하고, 자식에게 천금을 물려주는 것이 자식에게 기술 한 가지를 가르쳐주는 것만 못하니라.

참고 한서(漢書) : 전한(前漢)의 고조(高祖)에서 왕망(王莽)까지 229년 동안의 역사를 기록한 책. 반표(班彪)가 시작한 것을 반고(班固)가 이루었으며, 그의 누이동생인 반소(班昭)가 완성했다. 모두 120권으로 되어 있다.
만영(滿籯) : 궤짝이나 광주리 속에 (황금이) 가득 찼다. 경(經) : 경서(經書). 유교의 경전. (사서 · 오경 등). 불여(不如) : ~만 못하다.

설명 교육은 살아가는 방법을 가르치는 것이지 결과를 제시해 주는 것이 아니다. 경전의 모든 글이 이러한 삶의 방법을 제시한 것이다.

황금이라는 결과를 아무리 주어도 그것이 이루어지기까지의 과정이나 정도를 모르면 지켜지는 것이 아니다. 오히려 스스로 살아가는 길을 깨닫지 못하게 할 수도 있다.

'부자가 이루기는 쉬워도 지키기가 어렵다'는 말도 그것을 지켜야 할 자손이 부자가 되기까지의 과정이나 방법은 알지 못하고 부자라는 결과만 받았기 때문이다.

그러므로 자식에게 돈이나 재물만을 넘겨주려고 하지 말고, 학식과 덕행을 높게 해주어야 한다.

籯 광주리 영, 賜 줄 사, 藝 기예 예.

訓子篇 4

至樂은 **莫如讀書**요 **至要**는 **莫如敎子**니라.
지락 막여독서 지요 막여교자

지극한 즐거움은 책을 읽는 것 만한 것이 없고, 지극히 중요한 일은 자식을 가르치는 것 만한 것이 없느니라.

설명 정신과 인격을 높이는 독서가 가장 즐겁고, 개인이나 국가적으로 가장 긴요한 것이 교육이다.

한 권의 책을 읽어도 독자로서는 그 책을 쓰기 위하여 수많은 경험을 쌓은 작자의 삶의 방법을 아주 짧은 시간에 경험하는 것이다.

樂 즐거울 락, 莫 아닐 막, 如 같을 여, 讀 읽을 독, 書 글 서, 要 긴요할 요.

訓子篇 5

呂滎公이 **曰**, **內無賢父兄**하고 **外無嚴師友**요
여형공 왈, 내무현부형 외무엄사우

而能有成者 鮮矣니라.
이능유성자 선의

어형공이 말하였다.

집안에 어진 어버이나 형이 없고, 밖으로 엄한 스승이나 친구가 없이도 성취할 수 있는 자는 거의 없느니라.

참고 여형공(呂滎公) : 이름은 희철(希哲), 자는 원명(原明). 형국공(滎國公)에 봉해졌으므로 형공이라 불렀다. 북송(北宋)때의 학자. 현부형(賢父兄) : 현명한 부모. 그 부모의 가르침. 유성자(有成者) : 대성한 사람. 학식과 인덕을 완성한 사람.

설명 '자식을 기르되 가르치지 않으면 어버이의 잘못이요, 가르치되 엄하지 않으면 스승의 게으름이다. 어버이 가르치고 스승 엄함이 둘 다 잘못이 없으되 학문이 이루어지지 않으면 자식의 죄다(養子不敎父之過 訓導不嚴師之惰 父敎師嚴兩無外 學問無成子之罪).'–사마광(司馬光)의 「권학문(勸學文)」.

嚴 엄할 엄, 師 스승 사, 能 능할 능, 鮮 드물 선.

訓子篇 6

太公이 曰, 男子失敎면 長必頑愚하고 女子失敎면 長必麤疎니라.

태공 왈, 남자실교 장필완우 여자실교 장필추소

태공이 말하였다.

남자가 가르침을 잃으면 자라서 반드시 완악하고 어리석어지며, 여자가 가르침을 잃으면 자라서 반드시 거칠고 성기게 되느니라.

참고 완우(頑愚) : 미련하고 어리석음. 추소(麤疎) : 추(麤)는 거친 것, 소(疎)는 거칠고 성기다. 치밀하지 못한 것.

頑 완고할 완, 愚 어리석을 우, 麤 거칠 추, 疎 성길 소.

男年長大어든 莫習樂酒하고 女年長大어든 莫令

남년장대 막습악주 여년장대 막령

遊走하라.
유 주

남자가 장성하거든 풍류나 술을 배우지 말게 하고, 여자가 장성하거든 나돌아 놀지 말게 하라.

설명 동양 사회에서도 음악은 중시하였다. 어린이의 학습에 여섯 가지 덕목이 있는데, 예·악·사·어·서·수(禮樂射御書數)가 그것이다. 여기서 악은 음악을 말하는 것이니 음악은 심성의 리듬을 순화시킨다고 본 것이다.

그러나 여기서 음악을 술과 연결시켜 말한 것은 음란한 음악을 말함에 유의할 일이다. 여성의 외출을 경계했던 것은 가정이라는 한계 때문에 항상 유의했던 일이다.

육체적·감각적 쾌락보다 정신적 수양을 중시해야 한다. 그래야 사회적으로 유용한 인간이 된다.

莫 없을 막, 習 익힐 습, 令 시킬 령, 遊 놀 유, 走 달릴 주.

訓子篇 8

嚴父는 出孝子하고 嚴母는 出孝女니라.
엄 부 출 효 자 엄 모 출 효 녀

엄한 아버지에게는 효자가 나오고, 엄한 어머니에게는 효녀가 나오느니라.

憐兒어든 多與棒하고 憎兒어든 多與食하라.
연 아 다 여 봉 증 아 다 여 식

아이를 사랑하거든 매를 많이 때려주고, 아이를 미워하거든 밥을 많이 주라.

人皆愛珠玉이나 **我愛子孫賢**이니라.
인 개 애 주 옥　　아 애 자 손 현

남들은 모두 주옥을 사랑하나, 나는 자손이 어진 것을 사랑하느니라.

참고 연아(憐兒) : 아이를 사랑함. 다여봉(多與棒) : 매를 많이 주다.
애주옥(愛珠玉) : 주옥같은 재물을 좋아함.

설명 아들은 아버지의 교육에 영향을 받고 딸은 어머니의 교육에 영향을 받게 된다는 의미에서 한 말이다. 어린이의 양육은 정신적 가치의 부여가 중요하다.

보석을 싫어하는 자 없겠지만 자손이 어진 것이 바로 보석이요, 그 보석이야말로 값으로 따질 수 없고, 살 수도 없는 것이다.

嚴 엄할 엄, 憐 사랑할 련, 棒 몽둥이 봉, 憎 미워할 증, 珠 구슬 주.

성심편(省心篇) · 上

내면의 정신 가치를 높여라.

省心篇·上 1

景行錄에 **云**하였으되,
경 행 록 운

寶貨는 **用之有盡**이요 **忠孝**는 **享之無窮**이니라.
보 화 용 지 유 진 충 효 향 지 무 궁

「경행록」에 이르기를,

보배와 재물은 쓰면 다할 때가 있고, 충성과 효도는 누릴수록 다함이 없느니라.

참고 성심(省心) : 마음을 살피다. 유진(有盡) : 다함이 있다. 향지(享之) : 충효의 공덕을 누리다. 무궁(無窮) : 끝없음. 한이 없다.

설명 재물은 한이 있으나 충효의 공덕(功德)은 무한하다. 곧 보배가 아무리 많고 재산이 아무리 많아도 쓰면 쓴 만큼 없어지고 그것은 언젠가 다할 날이 있지만, 충성과 효도는 할수록 할 만한 가치가 있고 끝이 없다.

아울러 충이나 효는 바치는 대상이 있지만 바치는 대상에 빛이 나기 이전에 바치는 자신에게 더욱 빛이 난다.

그러나 내가 빛나겠다는 마음에서 실행하면 그것은 효나 충이 되지 못한다. 갚음이 있기를 바라는 마음이 있어서는 안 되는 것이다.

省 살필 성(덜 생), 寶 보배 보, 貨 재화 화, 盡 다할 진, 享 누릴 향.

省心篇·上 2

家和면 貧也好어니와 不義(誼)면 富如何오
가 화 빈 야 호 불 의 부 여 하

但存一子孝니 何用子孫多리오.
단 존 일 자 효 하 용 자 손 다

가정이 화목하면 가난해도 즐겁거니와 의롭지 못하면 부자인들 무엇하리오. 다만 효도하는 아들 하나만 있으면 족하니 자손이 많음을 어디다 쓰리오.

참고 빈야호(貧也好) : 가난해도 좋다. 부여하(富如何) : 부유한들 어찌하랴? 무엇하랴? 하용(何用) : 무슨 필요가 있으랴?

설명 '가화만사성(家和萬事成)'이란 말이 있다. 가정이 평화로우면 온갖 일이 이루어진다는 말이다.

집안에 평화로운 분위기가 깃들면 모든 일이 뜻대로 되지 않을 것이 없으니 가난하여도 가난으로 여겨지지 않는 것이다.

또 자식이 많아도 부모에게 효도하는 자식이 하나도 없다면 무슨 소용이 있으랴?

家 집 가, 和 화할 화, 義 옳을 의(誼도 通用), 富 가멸 부.

父不憂心因子孝요 夫無煩惱是妻賢이라
부 불 우 심 인 자 효 부 무 번 뇌 시 처 현

言多語失皆因酒요 義斷親疎只爲錢이니라.
언 다 어 실 개 인 주 의 단 친 소 지 위 전

아버지가 마음에 근심하지 않음은 자식이 효도하기 때문이요, 남편이 번거로운 걱정이 없음은 아내가 어질기 때문이라. 말이 많고 말을 실수함은 모두가 술 때문이요, 의리가 끊기고 친척이 소원해짐은 모두가 돈 때문이니라.

참고 불우심(不憂心) : 마음 걱정을 안 함. 어실(語失) : 말에 실수를 하는 것.
개인주(皆因酒) : 모두가 술 때문이다. 친소(親疎) : 친분이 성기어지다.
지위전(只爲錢) : 오직 돈 때문이다.

설명 부모에게 걱정을 끼치지 않는 것이 효도다. 자식된 사람은 가정에서 부모를 정성으로 섬기고 형제간에 우애하고, 사회에 나가서는 도를 따라 바르게 살면서, 공을 세워야 한다.

憂 근심할 우, 煩 번거로울 번, 惱 괴로워할 뇌, 斷 끊을 단, 錢 돈 전.

省心篇·上 4

旣取非常樂이어든 須防不測憂니라.
기 취 비 상 락　수 방 불 측 우

이미 정상이 아닌 즐거움을 취했거든, 모름지기 예측할 수 없는 근심을 방비할지니라.

참고 비상락(非常樂) : 정도(正道)에서 벗어난 즐거움. 놀이.
불측우(不測憂) : 예측하지 못했던 우환이나 걱정.

설명 '흥진비래(興盡悲來)'란 말이 있다. 갑자기 얻은 즐거움에는 그 뒤를 따르는 근심이 있음을 경계한 말이다.

자연의 이치도 순환하게 되어 있다. 가뭄 뒤에는 장마가 있고 장마 뒤에는 가뭄이 있는 법이다. 불의의 즐거움에는 불의의 슬픔이 있을 것을 예상하는 것이 미래를 예측하는 현명함이다.

既 이미 기, 須 모름지기 수, 防 막을 방, 測 잴 측.

省心篇·上 5

得寵思辱하고 居安慮危니라.

득 총 사 욕　　거 안 여 위

총애를 받고 호강할 때 욕이 뒤따를 것을 생각하고, 평안히 살 때 위험이 있을 것을 염려할지니라.

설명 현재 뜻을 얻고 안락해도 자만하면 안 된다. 앞날을 예측하고 신중하게 대처하는 슬기를 가져야 한다. 속세에서 일시적으로 얻은 부귀영화는 덧없는 것이다.

得 얻을 득, 寵 총애 총, 辱 욕되게 할 욕, 慮 생각할 려, 危 위태할 위.

省心篇·上 6

榮輕辱淺하고 利重害深이니라.

영 경 욕 천　　이 중 해 심

영화가 가벼우면 욕됨도 얕고, 이(利)가 무거우면 해(害)도 깊으니라.

설명 모든 사물의 이치가 상대적이다. 이 상대적인 이치를 잘 알면 현명한 사람이다.

나무가 높으면 바람을 잘 타고, 돌이 모질면 물살이 거세다. 햇살을 등에 지면 앞가슴이 서늘하고 앞가슴에 햇살을 받으면 등이 시린 법이다.

榮 영화 영, 輕 가벼울 경, 辱 욕되게 할 욕, 淺 얕을 천.

省心篇·上 7

甚愛必甚費요 甚譽必甚毁요 甚喜必甚憂요 甚贓必甚亡이니라.
심애필심비 심예필심훼 심희필심우 심장필심망

사랑함이 심하면 반드시 심한 허비가 뒤따르고, 칭찬받음이 심하면 반드시 심한 훼방이 따르며, 기뻐함이 심하면 반드시 심한 근심을 가져오고, 뇌물 탐함이 심하면 반드시 크게 잃게 되느니라.

설명 욕구(欲求)나 희로애락 등의 감정을 잘 조절해야 한다. 도(道)가 지나치면 반작용이 따르게 마련이다. 반드시 중용을 지켜야 한다.

甚 심할 심, 費 비용 비, 譽 기릴 예, 毁 훼손할 훼, 憂 근심 우, 贓 장물 장.

省心篇·上 8

子曰, 不觀高崖면 何以知顚墜之患이며 不臨深淵(泉)이면 何以知沒溺之患이며 不觀巨海면
자왈, 불관고애 하이지진추지환 불림심연천 하이지몰익지환 불관거해

何以知風波之患이리오.
하 이 지 풍 파 지 환

공자께서 말씀하셨다.

높은 낭떠러지를 보지 않으면 어찌 굴러떨어지는 환난(患難)을 알며, 깊은 못(샘)에 가지 않으면 어찌 빠져 죽는 환난을 알며, 큰 바다를 보지 않으면 어찌 풍파의 환난을 알리오.

참고 고애(高崖) : 높은 낭떠러지. 하이지(何以知) : 어찌 알겠는가?
전추(顚墜) : 전은 '엎어지는 것'이고 추는 '떨어지는 것'이니, 즉 위로부터 굴러떨어지는 것을 말한다.

설명 배움이란 경험을 쌓아가는 것이다. 실지로 경험을 해보지 않고는 자신의 앎에 확신이 가지 않는다. 어려움이나 위험도 자신의 체험을 통해서 실감할 수 있다. 그러므로 기왕의 체험을 살려서 다시는 끔찍한 위험이나 위난에 부닥뜨리지 않게 미리 경계하고 대비해야 한다.

불은 '뜨겁다'는 말을 어린 아기에게 아무리 하여도 모른다. 불에 손끝을 대보면 저도 모르게 주춤한다. 그 뒤로 그 아기는 불에 가까이 가지 않는다.

이 글의 초점은 시야를 넓혀 세상의 온갖 어려움을 알라는 것이며 마찬가지로 학문을 하는 것도 이렇듯 시야를 넓혀 여러 진리를 몸소 체득해야 한다.

崖 벼랑 애, 顚 넘어질 전, 墜 떨어질 추, 淵 못 연, 溺 빠질 닉.

欲知未來거든 先察已然이니라.
욕 지 미 래 　 선 찰 이 연

미래를 알고자 하거든 먼저 지나간 일을 살펴볼지니라.

참고 선찰(先察) : 먼저 살피다. 이연(已然) : 이미 이루어진 일. 과거에 있었던 일.

설명 삶은 시간의 연속이다. 삶의 현실이 현재라는 시간 위에 있는 것이라면 이 현재는 과거의 이어짐이요, 미래는 현재로 연계되는 순간이다.

과거를 살피고 미래를 안다는 것도 오늘의 현재가 기준인 것이니, 오늘은 오늘로서 성실히 살아간다면 과거나 미래는 저절로 성실해질 것이다.

欲 하고자할 **욕**, 未 아닐 **미**, 來 올 **래**, 察 살필 **찰**.

子曰, 明鏡은 所以察形이요 往者는 所以知今이니라.

자왈, 명경 소이찰형 왕자 소이지금

공자께서 말씀하셨다.

밝은 거울은 형상을 살피는 것이요, 지나간 일은 현재를 아는 것이니라.

참고 소이(所以) : ~하는 바탕. 왕자(往者) : 지나간 일.

설명 거울을 보고 자기의 모습을 알 수 있고, 지난 일을 살핀다는 것은 오늘의 위치를 보다 확실히 알고자 함이다. 역사적인 사실을 살피는 것도 오늘의 현실을 보다 뿌리 깊게 이해하자는 것이다. '옛것을 살펴 오늘을 안다(溫故而知新)'는 말도 같은 뜻에서 이해할 일이다.

鏡 거울 **경**, 察 살필 **찰**, 形 모양 **형**, 往 갈 **왕**, 者 놈 **자**.

省心篇·上 11

過去事는 **明如鏡**이요 **未來事**는 **暗似漆**이니라.
과거사 명여경 미래사 암사칠

지나간 일은 밝기가 거울과 같으나 미래의 일은 어둡기가 칠흑(漆黑)과 같으니라.

설명 과거는 사실 미래의 거울이다. 과거를 분명히 알 때 미래는 거기에서 추정할 수가 있으니, 과거를 거울같이 비출 수 있으면 그 거울에서 미래도 비추어 볼 수 있어야 한다.

如 같을 여, 未 아닐 미, 暗 어두울 암, 似 같을 사, 漆 옻(검을) 칠.

省心篇·上 12

景行錄에 **云**하였으되, **明朝之事**를 **薄暮**에 **不可必**이요 **薄暮之事**를 **晡時**에 **不可必**이니라.
경행록 운 명조지사 박모 불가필 박모지사 포시 불가필

「경행록」에 이르기를,

내일 아침의 일을 오늘 저녁에 단정적으로 말할 수 없고, 저녁에 일어날 일을 낮 시간에 단정적으로 말할 수가 없느니라.

참고 박모(薄暮) : 지녁 무렵. 불가필(不可必) : 반드시 어떠할 것이라고 단정적으로 알거나 말하다. 포시(晡時) : 신시(申時), 즉 오후 3시에서 5시 사이.

설명 미래의 일은 기약이 없다. 현재에 있어서의 필연으로 연결되는 것은 아니다. 현재에 충실할 일이지, 미래를 예정해 놓고 그 결과가 오지 않았을 때 불안해하거나 불만족스럽게 생각하지 말라는 것이다.

朝 아침 조, 薄 엷을 박, 暮 저물 모, 哺 신시 포.

省心篇·上 13

天有不測風雨하고 人有朝夕禍福이니라.
천 유 불 측 풍 우 　 인 유 조 석 화 복

하늘에는 예측할 수 없는 비바람이 있고, 사람은 아침과 저녁으로 화(禍)와 복(福)이 있느니라.

설명 사람도 자연의 일부이다. 이 자연의 변화가 예측할 수 없듯이 사람의 일도 예측할 수가 없는 것이다.

하루의 날씨도 수시로 변하듯이 하루의 생활에도 희로애락이 수시로 교차되는 것이다. 이것을 잘 조절하는 것이 즐거운 삶을 누리는 것이다.

測 잴 측, 朝 아침 조, 夕 저녁 석, 禍 재화 화, 福 복 복.

省心篇·上 14

未歸三尺土하여는 難保百年身이요 已歸三尺土하여는 難保百年墳이니라.
미 귀 삼 척 토 　 난 보 백 년 신 　 이 귀 삼 척 토 　 난 보 백 년 분

석 자 흙 속(무덤 속)으로 돌아가기 전에는 백 년의 몸을 보

전하기 어렵고, 이미 석 자 흙 속으로 돌아가서는 백 년 동안 무덤을 보전하기 어려우니라.

참고 삼척토(三尺土) : 석 자의 흙, 즉 사람이 죽어서 땅 속으로 들어가는 것.

설명 사람의 일이란 살아서나 죽어서나 온전히 보전하기 어렵다. 그러나 인간의 고결한 정신이나 빛나는 업적은 후세에 영원히 전한다.

歸 돌아갈 귀, 尺 자 척, 難 어려울 날, 保 지킬 보, 墳 무덤 분.

省心篇·上 15

景行錄(경행록)에 云(운)하였으되, 木有所養(목유소양)이면 則根本固(즉근본고)하고 而枝葉茂(이지엽무)하여 棟樑之材成(동량지재성)하니라. 水有所養(수유소양)이면 則泉源壯(즉천원장)하고 而流派長(이류파장)하여 灌漑之利博(관개지리박)하니라. 人有所養(인유소양)이면 則志氣大(즉지기대)하고 而識見明(이식견명)하여 忠義之士出(충의지사출)이니 可不養哉(가불양재)아.

「경행록」에 이르기를,

나무를 잘 기르면 뿌리가 튼튼하고, 가지와 잎이 무성해서 기둥이나 대들보가 될 재목으로 성장하느니라. 물줄기를 잘 다스리면 샘의 근원이 힘차고, 그 물줄기가 길어서 관개(灌漑)

의 이익이 널리 베풀어질 것이니라. 사람을 잘 키우면 뜻과 기상이 크고, 식견(識見)이 밝아져서 충의(忠義)의 선비로 출세할 것이니, 어찌 잘 키우지 아니할 것인가?

참고 유소양(有所養) : 기르는 바 있으면. 잘 키우면. 무(茂) : 무성한 것.
동량지재(棟樑之材) : 기둥과 대들보를 만들 수 있는 훌륭한 재목.
천원장(泉源壯) : 물의 근원. 샘이 수원에서부터 세차게 솟아나다.
관개(灌漑) : 전답(田畓), 농토에 물을 댐. 가불~재(可不~哉) : ~을 아니할 수 있나?

설명 나무를 잘 키우면 건축할 때 기둥이나 대들보로 쓸 수 있고, 물을 잘 관리하고 가꾸면 넓은 농토에 관개시설을 하여 농작물을 재배할 수 있다.

특히 사람은 잘 교육해야 훌륭한 인재가 된다. 즉 지조가 굳고 식견이 높고 기상이나 기개가 고매하고 나라에 충성하고 정의를 지키는 어진 선비가 될 수가 있다.

훌륭한 사람의 척도는 물질이나 재물에 있지 않다. 정신적 가치와 인덕(仁德)에 있는 것이다.

養 기를 양, 根 뿌리 근, 固 굳을 고, 枝 가지 지, 葉 잎 엽, 茂 우거질 무, 棟 용마루 동, 樑 들보 량, 材 재목 재, 泉 샘 천, 源 근원 원, 壯 씩씩할 장, 派 물갈래 파, 灌 물댈 관, 漑 물댈 개, 博 넓을 박, 志 뜻 지, 識 알 식, 忠 충성 충, 義 옳을 의, 哉 어조사 재.

省心篇·上 16

自信者(자신자)는 人亦信之(인역신지)하여 吳越(오월)이 皆兄弟(개형제)요 自疑者(자의자)는 人亦疑之(인역의지)하여 身外(신외)에는 皆敵國(개적국)이니라.

스스로를 믿는 자는 남도 또한 믿어서 오월(吳越) 사이라도 형제가 될 수 있고, 스스로를 의심하는 자는 남도 또한 의심하여 자기 이외에는 모두 적국(敵國)이 되느니라.

참고 자신자(自信者) : 자신이 남을 믿으면. 인역신지(人亦信之) : 남도 역시 나를 믿는다. 오월(吳越) : 전국시대에 있었던 오나라와 월나라. 오왕 부차(吳王夫差)와 월왕 구천(越王句踐)이 서로 싸워서 원수가 되었음. 세상 사람들이 원수 사이를 흔히 오월(吳越)이라는 말로써 표현함. 신외(身外) : 자신 이외의 모든 사람.

설명 '섶에 누워 잠을 자고 쓸개를 맛본다'는 와신상담(臥薪嘗膽)의 고사성어는 '오월(吳越)' 싸움에서 나왔다. 원수를 갚기 위해, 또는 목적을 달성하기 위해 때를 기다리며 온갖 고난을 참고 견딘다는 뜻이다.

信 믿을 신, 疑 의심할 의, 敵 원수 적.

疑人莫用하고 用人勿疑니라.
의인막용 용인물의

사람을 의심하거든 쓰지 말고, 사람을 쓰거든 의심하지 말지니라.

설명 서로 믿고 서로 도우면 모든 사람이 동지가 된다. 그러나 서로 의심하고 서로 배신하면 모든 사람이 원수가 된다.

서로 믿고 힘을 합해서 함께 잘 사는 공동체를 건설해야 한다.

莫 말(말다) 막, 用 쓸 용, 勿 말(말다) 물.

諷諫에 云하였으되, 水底魚天邊雁은 高可射兮
풍간 운 수저어천변안 고가사혜

低可釣어니와 惟有人心咫尺間이라도 咫尺人心
저가조 유유인심지척간 지척인심

不可料니라.
불가료

「풍간」에 이르기를,

물 밑의 물고기와 하늘 가의 기러기는 높은 데 있는 것은 활로 쏘아 잡고, 낮은 데 있는 것은 낚을 수 있거니와, 오직 사람의 마음은 바로 지척에 있을지라도, 그 지척에 있는 사람의 마음만은 헤아릴 수 없느니라.

참고 풍간(諷諫) : 풍자하고 간하는 글. 상세히는 모름. 수저어(水底魚) : 물속에 있는 물고기. 천변안(天邊雁) : 하늘 가에 있는 기러기. 고가사(高可射) : 높은 새는 활로 쏠 수가 있다. 저가조(底可釣) : 물 밑의 고기는 낚을 수가 있다. 불가료(不可料) : 헤아릴 수가 없다.

底 밑 저, 邊 가 변, 雁 기러기 안, 射 쏠 사, 低 낮을 저, 釣 낚시 조, 惟 오직 유, 咫 여덟치 지, 料 헤아릴 료.

省心篇·上 19

畵虎畵皮難畵骨이요 知人知面不知心이니라.
화호화피난화골 지인지면부지심

범을 그리되 가죽은 그릴 수 있으나 뼈는 그리기 어렵고, 사람을 알되 얼굴은 알 수 있지만 그 마음은 알지 못하느니라.

설명 호랑이의 겉모양은 그릴 수 있지만 속에 있는 골격은 그리기 어렵다. 골격은 겉모양에 나타나 있다. 그와 마찬가지로 속마음을 알기 어렵다고 하지만, 밖으로 나타난 행동을 보면 그 속마음을 알 수 있는 것이다.

畫 그림 화, 虎 범 호, 皮 가죽 피, 骨 뼈 골.

對面共話하되 **心隔千山**이니라.
대면공화 심격천산

얼굴을 맞대고 서로 이야기는 하되 마음은 천산(千山)만큼이나 격해 있는 것처럼 멀리 떨어져 있느니라.

참고 격천산(隔千山) : 천산(千山)이라 함은 수없이 많은 산을 뜻하니, 천산을 격해 있다 함은 여기서는 피차의 생각이 거리가 먼 것을 표현하는 것임.

설명 얼굴을 맞대고 대화를 나눈다고 서로의 마음을 통하는 것이 아니다. 이는 가면을 쓰고 거짓된 마음으로 대화를 하기 때문이다.

對 대할 대, 共 함께 공, 話 말할 화, 隔 사이 뜰 격.

海枯면 **終見底**나 **人死**엔 **不知心**이니라.
해고 종견저 인사 부지심

바다가 마르면 마침내 그 밑바닥을 볼 수 있으나 사람은 죽어도 그 마음을 알지 못하느니라.

참고 해고(海枯) : 바다의 물이 마르다. 견저(見底) : 밑(바닥)이 보인다.
인사(人死) : 사람은 죽어도.

海 바다 해, 枯 마를 고, 終 끝날 종, 底 밑 저, 死 죽을 사.

太公이 **曰**, **凡人**은 **不可逆相**이요 **海水**는 **不可斗量**이니라.
태공 왈, 범인 불가역상 해수 불가두량

태공이 말하였다.

무릇 사람은 운세를 앞질러 점칠 수 없고, 바닷물은 말〔斗〕로 헤아릴 수 없느니라.

참고 역상(逆相) : 앞으로 닥쳐올 운명을 헤아려서 아는 것.
두량(斗量) : 말로 헤아리다.

설명 위의 글들은 모두 사람의 마음을 측량하기 어렵다는 비유로 예시한 글들이다. 인간의 마음은 행동을 통해서 좋고 나쁨을 판단해야 한다. 착하게 행동하는 사람의 마음은 착하고, 나쁜 짓을 하는 사람의 마음은 나쁘다. 간교한 사람은 속 다르고 겉 다르기 때문에 알기 어렵다.

凡 무릇 범, 逆 거스를 역, 相 서로(점칠) 상, 斗 말 두, 量 헤아릴 량.

省心篇·上 23

景行錄에 **云**하였으되,
경 행 록 운

結怨於人을 **謂之種禍**요 **捨善不爲**를 **謂之自賊**이니라.
결 원 어 인 위 지 종 화 사 선 불 위 위 지 자 적

「경행록」에 이르기를,
남과 원수를 맺는 것을 재앙의 씨를 뿌리는 일이요, 선을 버리고 행하지 않음을 스스로를 해친다 이르느니라.

참고 결원(結怨) : 원수를 맺다. 종화(種禍) : 재앙의 씨를 심다. 사선(捨善) : 선을 버린다. 자적(自賊) : 적(賊)은 해친다는 뜻으로, 자신을 해치는 일.

설명 모든 일의 결과는 자신의 행동에서 오는 것이지 다른 사람에게서 오는 것이 아니다. 착한 일을 하는 것은 남을 위한 일이 아니라 자신을 위한 일이다.

結 맺을 결, 怨 원망할 원, 謂 이를 위, 捨 버릴 사, 賊 도둑(해칠) 적.

省心篇·上 24

若聽一面說이면 **便見相離別**이니라.
약 청 일 면 설 변 견 상 이 별

만약 한 편의 말만 들으면 곧 서로 사이가 이별하느니라.

설명 옳고 그름은 서로 상대적이다. 시비란 항시 가려들어야 하고 듣

는 사람은 중간자적인 입장에서 올바른 판단을 해야 한다.

聽 들을 청, 說 말씀 설, 便 즉(곧) 변(편할 편), 離 떠날 리.

飽煖에 思淫慾하고 飢寒에 發道心이니라.
포 난 사 음 욕 기 한 발 도 심

배부르고 따뜻한 여유 있는 생활에서 음욕스러운 마음이 생기고, 배고프고 추운 생활에서 옳은 마음이 나타나느니라.

설명 사람은 의식(衣食)이 풍부해지면 몸과 마음이 해이해져 방탕한 생활에 이끌리게 된다.

飽 물릴 포, 煖 따뜻할 난, 淫 음란할 음, 慾 욕심 욕, 飢 주릴 기.

疏廣이 曰, 賢人而多財면 則損其志하고 愚人而多財면 則益其過니라.
소 광 왈, 현 인 이 다 재 즉 손 기 지 우 인 이 다 재 즉 익 기 과

소광이 말하였다.
어진 사람이 재물이 많으면 그 지조(志操)가 손상되고, 어리석은 사람이 재물이 많으면 그 허물을 더하느니라.

참고 소광(疏廣) : 전한(前漢) 선제(宣帝) 때 사람. 태부(太傅)의 높은 지위에 있다가 나이가 많아 벼슬을 그만두자, 선제와 태자가 많은 재물(財物)을 내렸다. 그는 재물들을 하나도 남김없이 옛 친구들에게 나누어 주자 어떤 사람이 그에게 재물을 자손들에게 물려주기를 권하자 그가 한 말이다.

설명 재물이 많으면 그 재물을 지키기 위하여 자신의 지조를 지키는 일은 일단 뒤로 미루려는 마음이 싹트게 된다. 어리석은 자가 재물을 많이 물려받으면 그 재물만 믿고 그릇된 행동을 자행하게 된다.

疏 트일 소, 廣 넓을 광, 賢 어질 현, 財 재물 재, 損 덜 손, 愚 어리석을 우, 益 더할 익, 過 허물 과.

人貧智短하고 福至心靈이니라.

인빈지단 복지심령

사람이 가난하면 지혜도 짧아지고, 복이 이르면 마음도 영특해지느니라.

설명 가난하면 마음이 급해서 서두르게 된다. 그래서 시행착오도 많이 겪게 되어 마치 지혜가 모자라는 것 같기도 하다. 그렇지만 당황하지 않고 차분하게 일을 처리하면 지혜도 생기고 가난도 물러갈 것이다.

복이 이르러서 마음이 영특한 것이 아니라 이 사람은 이미 복 받을 만큼 마음이 너그러웠기 때문에 복이 찾아온 것이다.

貧 가난할 빈, 短 짧을 단, 福 복 복, 至 이를 지, 靈 신령 령.

不經一事면 不長一智니라.
불 경 일 사 부 장 일 지

한 가지의 일을 경험하지 않으면, 그 일에 대한 한 가지 지혜도 자라지 못하느니라.

참고 경(經) : 경험하다. 체험하다. 장(長) : 자라나다. (지식이나 지혜가) 늘다. 일지(一智) : 한 가지 지식이나 지혜.

설명 지식과 지혜는 경험과 체험을 통해서 터득된다. '격물치지(格物致知)'를 중시하는 경향이 있다. 이때 '격물'이라는 말은 한 사물에 직면해서 연구한다는 뜻으로, 여기서 말하는 '경험'이나 마찬가지이다. 이렇듯 경험에서 지혜를 얻으려면 아무리 작은 일이라도 소홀히 하지 말고 성실히 수행해야 자신의 지혜가 되는 것이다.

事 일 사, 智 슬기 지.

是非終日有라도 不聽이면 自然無니라.
시 비 종 일 유 불 청 자 연 무

시비가 종일토록 있더라도 들은 체하지 않으면 자연히 사라지느니라.

참고 시비(是非) : 옳다 그르다며 떠드는 일.

설명 혼자서는 싸움을 할 수 없다. 상대방이 덤벼도 맞상대하지 않으면 싸움이 되지 않는다. 옳고 그름은 상대적이다. 그 옳고 그름은 나의 마음속에서 바르게 판단할 일이지 가벼이 말로 대꾸할 것이 아니다. '손뼉도 마주쳐야 소리가 난다.' 대꾸하지 않으면 저절로 없어진다.

是 옳을 시, 非 아닐 비, 聽 들을 청, 自 스스로 자, 然 그러할 연.

省心篇·上 30

來說是非者는 **便是是非人**이니라.
내설시비자 변시시비인

와서 남의 시비를 말하는 자는 바로(곧) 나에게 시비를 거는 사람이니라.

참고 설시비자(說是非者) : 옳다 그르다 하고 말하는 사람.

설명 변시(便是)의 '시'는 '이다'라는 어미에 해당한다. 나를 찾아와 쓸데없이 남의 옳고 그름을 말하는 이가 바로 나에게 시비를 거는 사람이다. 그 사람은 나의 시비를 똑같이 남에게 할 수 있는 소지를 가졌기 때문이다.

來 올 래, 說 말씀 설, 便 곧(즉시) 변, 是 옳을 시.

省心篇·上 31

擊壤詩에 **云**하였으되, **平生**에 **不作皺眉事**하면 **世上**에 **應無切齒人**이니 **大名**을 **豈有鐫頑石**가 **路**
격양시 운 평생 부작추미사 세상 응무절치인 대명 기유전완석 노

上行人이 口勝碑니라.
상 행 인 구 승 비

「격양시」에 이르기를,

평생에 눈썹 찌푸릴 일을 하지 않으면 세상에 응당 나에게 이를 갈 사람이 없을 것이니, 큰 이름을 어찌 무딘 돌에 새길 것인가, 길 가는 사람의 입이 비석(碑石)보다 나으니라.

참고 추미(皺眉) : 추는 '찌푸린다'는 뜻, 즉 눈썹을 찌푸리다. 절치(切齒) : 이를 가는 것. 완석(頑石) : 완(頑)은 완고하다, 즉 무딘 돌. 구승비(口勝碑) : 입이 비(碑)를 이긴다. 즉, 입으로 말하는 것이 비석보다 낫다는 뜻.

설명 남에게 원수될 만한 일을 한 일이 없으면 남이 나를 원수로 생각하지 않을 것이다. 세상은 내가 있고서 남이 있으니 모든 것이 나에게서 일어난 것이다. 그러므로 '나'를 잘 관리하면 남이 나에게 그르치는 일이 없을 것이다.

비석은 명예를 남기려는 것이지만 물건이기에 없어질 수도 있고, 비석의 글이란 대개 과장되게 마련이다. 평소에 덕을 세우면 마을 사람들이나 지나가는 행인들이 칭찬할 것이다. 굳이 돌에 크게 이름을 조각한 비석을 세우거나 거짓된 송덕비를 세우는 것은 어리석은 짓이다.

皺 주름 추, 眉 눈썹 미, 應 응당 응, 切 끊을 절, 齒 이 치, 豈 어찌 기, 鐫 새길 전, 頑 완고할 완, 勝 이길 승, 碑 비석 비.

有麝自然香이니 何必當風立가.
유 사 자 연 향 하 필 당 풍 립

사향을 지녔으면 자연히 향기로우니, 어찌 꼭 바람을 향하여

서서 있겠는가?

참고 사향(麝香) : 사향노루 · 사향고양이 등의 수컷의 향낭(香囊)에서 채취되는 흑갈색 가루로 특수한 냄새를 풍긴다. 사향노루(궁노루)는 배꼽 근처에 향낭이 있고, 사향고양이는 생식기와 항문 근처에 사향샘이 있다.
자연향(自然香) : 자연히 향기롭다. 하필(何必) : 어찌 ~할 필요가 있는가?
당풍립(當風立) : 바람을 향하여 서다.

설명 학문이나 덕이 높은 사람은 일부러 광고하지 않아도 저절로 알려지게 마련이다.

사향은 향기 중에서도 가장 좋은 향이다. 여기서는 사람의 덕으로 비유한 말이다. 덕을 꽃으로도 비유한다. '화하고 온순함이 중심에 쌓여 꽃이 밖으로 피어난다(和順積中 榮華發外)'고 하였다. 꽃은 피어있으므로 족하다. 바람이 불건 안 불건 향기가 나는 것이다.

사향을 가지고 바람 부는 데 서 있다면 자랑하려는 마음이다. 자랑하려는 마음이 있으면 이미 덕이 아니다. 꽃이 아름답게 피려는 생각에서 피우는 것이 아니라 일년 영양소에 정액만 모아 그저 스스로 피운 것이다. 아름답다는 말은 보는 이가 하는 말이다.

※ 투향(偸香)은 '아름다운 향을 훔친다'는 뜻으로, 남녀 간에 사사로이 정을 통해 밀통(密通)하는 것을 말한다.
진나라 가충(賈充)이 잘생긴 한수(韓壽)가 맘에 들어 자기 딸과 연정을 일으켜 혼인시키는 고사에서 유래되었다.

麝 사향노루 사, 香 향기 향, 當 마땅할 당, 風 바람 풍.

有福莫享盡하라 福盡身貧窮이요 有勢莫使盡하라 勢盡冤相逢이니라 福兮常自惜하고 勢兮常自
유복막향진 복진신빈궁 유세막사진 세진원상봉 복혜상자석 세혜상자

恭하라 人生驕與侈는 有始多無終이니라.
공 인생교여치 유시다무종

복이 있어도 다 누리지 말라. 복이 다하면 몸이 빈궁해질 것이요, 권세가 있어도 다 부리지 말라. 권세가 다하면 원수와 서로 만나느니라. 복이 있거든 항상 스스로 아끼고, 권세가 있거든 항상 스스로 공손하라. 인간 생활에서 흔히 교만과 사치는 처음은 있으나 나중에는 없는 경우가 많으니라.

참고 막(莫) : ~하지 마라. 향진(享盡) : (주어진 복을) 진탕 누리다.
사진(使盡) : (권세를 있는 대로) 다 행세하다.
복혜(福兮) : 복을 누리면서 유복하게 살 때에.

설명 오늘의 부귀영화에 도취하여 사치하지 말고, 뒷날을 위해 절약하고 남에게 겸손하고 또 덕을 베풀어야 한다. 오늘에는 부유하게 살다가도 나중에는 가난하게 되는 수가 있다. 권세를 함부로 휘두르고, 남을 해치면 장차 원한을 품은 사람을 만나게 될 것이다.

권세를 누리고 부유하게 살 때에도, 남에게 겸손해야 한다. 교만하고 사치하면 세상 사람에게 미움을 받고, 장차는 세도를 잃고 재물을 날리게 마련이다. 권좌에 올라 부귀를 누릴 때 더욱 겸손하고 신중한 태도로 윤리와 도덕을 실천해야 한다.

窮 다할 궁, 冤 원통할 원, 逢 만날 봉, 驕 교만할 교, 侈 사치할 치.

王參政四留銘에 曰, 留有餘不盡之巧하여 以
왕참정사류명 왈, 유유여부진지교 이

還造物하고 留有餘不盡之祿하여 以還朝廷하고
환조물 유유여부진지록 이환조정

留有餘不盡之財하여 **以還百姓**하고 **留有餘不盡之福**하여 **以還子孫**이니라.
유유여부진지재 이환백성 유유여부진지복 이환자손

왕참정의 「사류명」에 이르기를,

여유를 두어 재주를 남겨 두었다가 조물주에게 돌려주고, 여유를 두어 봉록(俸祿)을 남겨 두었다가 조정에 돌려주고, 여유를 두어 재물을 남겨 두었다가 백성에게 돌려주고, 여유를 두어 복을 남겨 두었다가 자손에게 돌려줄지니라.

참고 왕참정(王參政) : 이름은 단(旦), 북송(北宋), 진종(眞宗) 때 정치가. 사류명(四留銘)이란 '네 가지를 남겨두라'는 계명. 유여(有餘) : 나머지가 있다. 즉 나에게 주어진 것을 다 탕진해 버리지 말고 여분이 있게 하라는 뜻. 부진지교(不盡之巧) : 다 쓰지 않은 재주. 이(以) : 그래서.

설명 나에게 주어진 모든 것을 나 한 몸을 위해 탕진하지 말고, 국가와 국민에게 되돌려줄 수 있어야 한다. 그래야 자손들도 음덕을 입는다.

요즘 경제계에서 말하는 기업의 이윤을 사회에 환원시키라는 말에 해당하는 좋은 명언이다.

餘 남을 여, 盡 다할 진, 巧 공교할 교, 還 돌려줄 환, 祿 복 록.

黃金千兩이 **未爲貴**요 **得人一語**가 **勝千金**이니라.
황금천냥 미위귀 득인일어 승천금

황금 천 냥이 귀한 것이 아니요, 남의 좋은 말 한마디 듣는 것이 천금(千金)보다 나으니라.

**설명** 물질보다 정신을 높이라는 '좋은 말'을 듣고 따르면 인격이 향상된다. 황금이 인격을 규정하는 것은 아니다. 오히려 남의 조언 한마디가 나의 몸가짐에 유익하다. 「명심보감」의 이 책이 오랜 고전으로 남아 있는 것도 이 한마디 말이라도 황금처럼 간직하려는 데서 그 까닭이 있는 것이다.

黃 누를 황, 兩 두 량(냥), 得 얻을 득, 語 말씀 어, 勝 이길 승.

省心篇·上 36

巧者는 拙之奴요 苦者는 樂之母니라.

교자 졸지노 고자 낙지모

재주 있는 자는 재주 없는 이의 종이요(사람을 위해 일해야 한다), 오늘의 고생은 내일의 즐거움의 모체(바탕)이니라.

참고 교자(巧者) : 재주 있는 사람. 고자(苦者) : 고생.

설명 재주 있는 사람, 곧 학문과 덕이 높은 군자는 백성을 위해 일해야 한다. 고생해야 장차 즐거움을 얻을 수 있다. 이 글에서는 괴로움을 참고 견디면 더 큰 즐거움이 온다는 뒷말을 강조하기 위한 글이다.

'초년고생은 사서도 하라'는 말이 있듯이 괴로움을 견뎌야 즐거움을 알게 된다. 괴로움을 겪지 아니하면 즐거움이 닥쳐도 그 즐거움을 즐거움으로 느끼지 못한다. 가난을 맛보지 못하면 웬만한 여유는 여유로 느끼지 못하는 것과 같다.

巧 공교할 교, 拙 졸할 졸, 奴 종 노, 苦 쓸 고, 樂 즐길 락.

省心篇·上 37

小船은 難堪重載요 深逕은 不宜獨行이니라.
소선 난감중재 심경 불의독행

작은 배는 무겁게 실은 것을 견디기 어렵고, 으슥한(깊은) 길은 혼자 다니기에 마땅치 않으니라.

참고 난감(難堪) : 견디기 어려운 것. 중재(重載) : 무겁게 싣는 것.

설명 자신의 한계를 알고 과욕을 부리지 말라. 광명정대한 길을 따라야 한다. 모든 일을 분수에 넘치지 않게 하고 또 근신(勤愼)하라는 것이다.

船 배 선, 堪 견딜 감, 載 실을 재, 逕 좁은 길 경, 宜 마땅할 의.

省心篇·上 38

黃金이 未是貴요 安樂이 値錢多니라.
황금 미시귀 안락 치전다

황금이 귀한 것이 아니요, 편안하고 즐거움이 돈보다 값어치가 많으니라.

참고 미시귀(未是貴) : 귀하지 않다. 안락(安樂) : 정신적으로 편하고 즐겁게 사는 일. 치전다(値錢多) : 돈보다 그 값어치가 많다(크다).

설명 황금을 귀히 여기지 않는 사람이 없지만, 금(金)이 필요하다는 것은 물질적인 부를 누리자는 것이요, 물질적인 부는 몸의 평안을 바라기 때문이다.

그러나 때로는 물질적인 여유가 사람을 방탕하게 할 수도 있는 것이니 오히려 평안을 해치기도 한다.

그러므로 안락(安樂)의 값이 황금을 능가하기도 한다.

値 값 치, 錢 돈 전, 多 많을 다.

省心篇·上 39

在家에 不會邀賓客이면 出外에 方知少主人이니라.

재가 불회요빈객 출외 방지소주인

집에 있을 때 내가 손님을 맞이할 줄 모르면, 밖에 나가서야 비로소 (나를 빈객으로 맞이할) 주인이 적은 줄을 아느니라.

참고 불회(不會) : 알지 못하다. 할 줄 모른다. 요(邀) : 맞이하다.

설명 손님이나 친구가 많은 것은 그만큼 나에게 도움말을 할 사람이 많이 있는 것이다. 손님을 대접한다는 것이 꼭 음식이나 물질이 아니라 마음이라는 것을 아울러 알아야 한다. 내 마음이 꼭 닫혀 있으면 친구는 오지 않는다. 마음 한쪽을 열어 놓아야 친구나 손님이 내 마음에 평안히 쉬어갈 수 있을 것이다.

會 모일 회, 邀 맞이할 요(료), 賓 손 빈, 客 손 객, 主 주인 주.

省心篇·上 40

貧居鬧市無相識이요 富住深山有遠親이니라.
빈 거 요 시 무 상 식 부 주 심 산 유 원 친

가난하면 번화한 저잣거리에 살아도 서로 아는 사람이 없을 것이요, 부유하면 깊은 산골에 살아도 먼 데서 찾아오는 친구가 있느니라.

설명 이 글은 경박한 세태를 풍자한 글임에 유의하여 내용을 파악해야 한다. 표현 그대로 부자를 추구하려는 것이 아니다.

가난하게 살아도 덕이 있으면 사람은 찾아올 것이요, 부자로 살아도 덕이 없으면 사람들은 멀어진다.

사람이 찾아오고 안 오는 것이 물질에만 있다고 생각할 것이 아니요, 덕이 있고 없음에 관계되니 오고 안 옴을 남의 탓으로 돌릴 것이 아니라 나에게 결함이 있음을 깨달아야 한다.

鬧 시끄러울 요(뇨), 市 저자 시, 識 알 식, 遠 멀 원, 親 친할 친.

省心篇·上 41

人義는 盡從貧處斷이요 世情은 便向有錢家니라.
인 의 진 종 빈 처 단 세 정 변 향 유 전 가

사람의 의리는 다 가난한 데서 끊어지는 것이요, 세상의 인정(人情)은 곧 돈 있는 집으로 쏠리느니라.

義 옳을 의, 從 좇을 종, 處 살 처, 斷 끊을 단, 便 곧 변, 錢 돈 전.

寧塞無底缸이언정 難塞鼻下橫이니라.
영 색 무 저 항　　　난 색 비 하 횡

차라리 밑 빠진 항아리는 막을 수 있을지언정, 코 아래 가로 놓인 것(입)은 막기 어려우니라.

설명 말을 조심하라는 교훈이다.

음식은 입으로 들어가고 말은 입으로부터 나온다. 들어가는 음식은 한계가 있지만 나오는 말은 끝이 없다.

세상의 모든 시비는 이 입에서 나오므로, '입은 화를 부르는 문'이라는 말도 있다.

寧 차라리 녕, 塞 막을 색, 缸 항아리 항, 鼻 코 비, 橫 가로 횡.

人情은 皆爲窘中疎니라.
인 정　개 위 군 중 소

사람의 정분은 모두 군색한 가운데서 멀어지느니라.

설명 너무 궁핍하면 남에게 정을 나눌 여유조차 없게 된다. 부지런히 노력하고 일을 해서 궁핍을 벗어나야 한다.

精 뜻 정, 皆 다 개, 爲 할 위, 窘 막힐 군, 疎 트일(멀리할) 소.

史記에 曰 郊天禮廟는 非酒不享이요 君臣朋
사기 왈, 교천예묘 비주불향 군신붕

友는 非酒不義요 鬪爭相和는 非酒不勸이라
우 비주불의 투쟁상화 비주불권

故로 酒有成敗而不可泛飮之니라.
고 주유성패이불가범음지

「사기」에 이르기를,

하늘에 제사 지내고 사당에 제례를 올림에는 술이 아니면 흠향하지 않을 것이요, 임금과 신하, 벗과 벗 사이에는 술이 아니면 정의가 두터워지지 않을 것이요, 싸우고 나서 서로 화해함에는 술이 아니면 권하지 못할 것이다. 그러므로 술에는 성취와 실패가 있어 함부로 마시면 안 되느니라.

참고 사기(史記) : 전한(前漢) 무제(武帝) 때 사마천(司馬遷)이 지은 역사책. 황제(黃帝)로부터 한무제(漢武帝) 때까지 약 3천 년 동안의 중국 역사를 기록한 사서(史書)이다. 교(郊) : 교사(郊祀)를 뜻한다. 고대 중국에 있어서 천자(天子)가 도성(都城)의 남쪽 들에서 하늘에 드리는 제사. 묘(廟) : 선조(先朝)의 위패(位牌)를 모신 사당. 개인의 집 사당은 가묘(家廟), 왕가(王家)의 사당을 종묘(宗廟)라고 한다.

설명 술을 적당히 마시면 약주가 되지만 과도하게 마시면 독주가 된다. 끝 구절의 '함부로 마시지 말라(不可泛飮)'는 결론에 역점을 둔 글이다. 술은 이성을 해치고 취하고도 담담하기가 어렵기 때문이다.

郊 성밖(들) 교, 禮 예도 례, 廟 사당 묘, 享 누릴 향, 鬪 싸움 투,
爭 다툴 쟁, 勸 권할 권, 泛 뜰(널리) 범, 飮 마실 음.

子曰 士志於道 而恥惡衣惡食者는 未足與議也니라.
자왈, 사지어도 이치악의악식자 미족여의야

공자께서 말씀하셨다.

선비가 도에 뜻을 두고도, 나쁜 옷과 나쁜 음식을 부끄러워하는 자는 족히 더불어 의논할 수 없느니라.

설명 도에 뜻을 둔다는 것은 바른길을 가자는 것이다. 바른길은 의식주(衣食住)와 같은 외모에 있는 것이 아니라 정신의 내용에 있는 것이다.

'밥이란 배를 채우면 족하고 옷이란 몸을 가리면 족하다(食足以充腹 衣足以蔽形).'

士 선비 사, 志 뜻 지, 恥 부끄러워할 치, 與 더불어 여, 議 의논할 의.

荀子曰 士有妬友하면 則賢交不親하고 君有妬臣하면 則賢人不至니라.
순자왈, 사유투우 즉현교불친 군유투신 즉현인부지

순자가 말하였다.

선비가 벗을 투기하는 일이 있으면 어진 벗과 친할 수 없고, 임금이 신하를 투기하는 일이 있으면 어진 사람이 오지 않느니라.

설명 간악하고 음흉한 자가 있으면 정의 사회가 문란하게 된다. 시기하는 친구나 아랫사람을 두었다는 것은 내가 그런 자세를 가졌기 때문이다. 따라서 자연히 어진이가 멀어진다.

妬 강새암할 투, 賢 어질 현, 臣 신하 신, 至 이를 지.

省心篇·上47

天不生無祿之人하고 地不長無名之草니라.

천 불 생 무 록 지 인　지 부 장 무 명 지 초

하늘은 녹(복)이 없는 사람을 내지 않고, 땅은 이름 없는 풀을 자라게 하지 않느니라.

설명 사람은 저마다 하늘로부터 주어진 사명이 있다. 이를 의식하고 성심껏 일을 하면 하늘은 녹을 내려줄 것이다. 동식물도 저마다 존재하는 명분이 있게 마련이다.

祿 녹(급료 복) 록, 草 풀(잡초) 초.

省心篇·上48

大富는 由天하고 小富는 由勤이니라.

대 부　유 천　소 부　유 근

큰 부자는 하늘에 달려 있고, 작은 부자는 부지런한 데 달려 있느니라.

설명 큰 부귀는 하늘이 내린다. 그러나 근면하면 저마다 잘살 수 있다. 부자가 되려는 것은 만인의 욕심이지만 부지런히 노력하면 그만한 여유는 오는 것이다.

由 말미암을(달려 있다) 유, 勤 부지런할 근.

成家之兒는 惜糞如金하고 敗家之兒는 用金如糞이니라.

성가지아 석분여금 패가지아 용금여 분

집안을 일으킬 아이는 똥 아끼기를 금과 같이 (귀하게) 여기고, 집안을 망칠 아이는 돈 쓰기를 똥과 같이 (천하게) 여기느니라.

설명 이루느냐 망하느냐의 갈림길이 사물을 아끼는 마음가짐에 있다. 똥은 지극히 천한 물질의 대명사요, 금은 지극히 귀한 물질의 대명사다.

성패의 갈림길은 지극히 천한 것도 귀히 여기거나, 반대로 지극히 귀한 것도 천하게 여기는 데 있다는 것이다. 재물을 가치 있게 써야 한다.

成 이룰 성, 惜 아낄 석, 糞 똥 분, 敗 망할(패할) 패.

康節邵先生이 曰,

강절소선생 왈

閑居에 愼勿說無妨하라 纔說無妨便有妨이니라
한거 신물설무방 재설무방변유방

爽口物多能作疾이요 快心事過必有殃이라 與
상구물다능작질 쾌심사과필유앙 여

其病後能服藥으론 不若病前能自防이니라.
기병후능복약 불약병전능자방

강절 소선생이 말하였다.

한가하게 살 때에 삼가 아무런 해로움이 없다고 말하지 말라. 겨우(방금 전) 해로움이 없다고 말하자마자 문득 해로움이 있느니라. 입에 상쾌한(좋은) 음식이 많으면 마침내 병이 생기는 법이요, 마음에 상쾌한 일이 지나치면 반드시 재앙이 있느니라. 병이 난 후에 약을 먹는 것보다는 차라리 병나기 전에 스스로 예방하는 것만 같지 못하니라.

참고 물설(勿說) : 말하지 마라. 무방(無妨) : (나 자신에게는) 아무런 걱정이나 거리낄 일이 없다. 상구(爽口) : 입에 산뜻하게 맛있는 음식.

설명 신중한 생활 태도를 지녀야 한다. 지금 당장에 안락하다고 안하무인격으로 큰소리치거나 사치하고 또 향락에 빠져들면 안 된다.

그와 같은 무절제한 생활을 하면 우선 내 몸을 망치고 집안 살림을 파탄나게 하고, 크게는 나라를 어지럽게 만든다.

병나기 전에 예방해야 한다. 병이 난 다음에 약을 복용해도 사전에 예방하는 것만 못하다.

愼 삼갈 신, 纔 겨우 재, 爽 시원할 상, 疾 병 질, 殃 재앙 앙.

省心篇·上 51

梓潼帝君垂訓에 曰, 妙藥도 難醫冤債病이요 橫財는 不富命窮人이라 生事事生을 君莫怨하고 害人人害를 汝休嗔하라 天地自然이 皆有報하니 遠在兒孫近在身이니라.

재동제군수훈 왈, 묘약 난의원채병 횡재 불부명궁인 생사사생 군막원 해인인해 여휴진 천지자연 개유보 원재아손근재신

재동제군의 「수훈(垂訓)」에 이르기를,

신묘(神妙)한 약이라도 원한에 사무친 병은 고치기 어렵고, 뜻밖에 생기는 횡재는 운이 나쁜 사람을 부자로 만들지 않느니라. 일을 저지르고 나서 일이 생기는 것을 그대는 원망하지 말고, 남을 해치면 남이 나를 해치는 것을 그대는 성내지 말라. 천지간 모든 일은 자연히 모두 갚음이 있나니, (그 보답이) 멀면 자손에게 있고 가까우면 자기 몸에 있느니라.

참고 재동제군(梓潼帝君) : 도가(道家)에 속한 신의 이름. 난의(難醫) : 고치기 어려움. 원채병(冤債病) : 원한의 병. 명궁인(命窮人) : 운명이 궁한 사람. 해인(害人) : 남을 해치는 것. 인해(人害) : 남이 나를 해치는 것.

설명 모든 결과는 자신의 행위에서 오는 것이니 남이나 하늘을 원망하지 말라는 내용이다. 나의 직분에 충실하면 결과도 충실해진다. 반대로 남에게 원한을 맺게 하거나 악덕한 짓을 하면 후손에게까지 재앙이 미칠 것이다.

梓 가래나무 재, 垂 드리울 수, 訓 가르칠 훈, 妙 묘할 묘, 藥 약 약, 醫 의원 의, 冤 원통할 원, 窮 다할 궁, 怨 원망할 원, 嗔 성낼 진.

省心篇·上 52

花落花開開又落하고 **錦衣布衣更換着**이라
화 락 화 개 개 우 락 금 의 포 의 경 환 착

豪家도 **未必常富貴**요 **貧家**도 **未必長寂寞**이라
호 가 미 필 상 부 귀 빈 가 미 필 장 적 막

扶人에 **未必上青霄**요 **推人**에 **未必塡溝壑**이라
부 인 미 필 상 청 소 추 인 미 필 전 구 학

勸君凡事莫怨天하라 **天意於人**에 **無厚薄**이니라
권 군 범 사 막 원 천 천 의 어 인 무 후 박

꽃은 졌다가 다시 피며, 피었다가 다시 지고, 비단옷과 삼베옷을 교대로 바꿔 입느니라. 호화로운 집이라도 반드시 언제나 부유한 것은 아니요, 가난한 집이라도 반드시 늘 적막하지는 않느니라. 사람을 붙들어 올려도 반드시 푸른 하늘에 올라가지 못할 것이요, 사람을 밀어뜨린다 해서 반드시 깊은 구덩이에 굴러떨어지지는 않느니라. 그대에게 권고하노니, 매사에 있어서 하늘을 원망하지 마라. 하늘의 뜻은 사람에게 후(厚)하고 박(薄)함이 없느니라.

설명 인간 세상에는 흥망성쇠가 있다. 부귀를 누리다가 몰락할 수도 있고 빈천한 사람이 부귀를 누릴 수도 있다.

지금 내가 불우하다고 하늘을 원망해서는 안 된다. 하늘은 공평무사하다. 착한 사람에게는 복을 주고 악한 사람에게는 벌을 준다. 그것이 하늘의 뜻이기도 하다. 공평하고 정대한 하늘을 믿고 착하게 살면 복을 받는다.

錦 비단 금, 更 바꿀 경, 換 바꿀 환, 豪 호걸 호, 寞 쓸쓸할 막, 扶 도울 부, 霄 하늘 소, 塡 메울 전, 溝 도랑 구, 壑 골 학, 勸 권할 권, 薄 엷을 박.

堪歎人心이 毒似蛇라 誰知天眼이 轉如車오.
감탄인심 독사사 수지천안 전여거

去年에 妄取東隣物터니 今日還歸北舍家라
거년 망취동린물 금일환귀북사가

無義錢財는 湯潑雪이요 儻來田地는 水推沙라
무의전재 탕발설 당래전지 수추사

若將狡譎爲生計면 恰似朝開暮落花라.
약장교휼위생계 흡사조개모낙화

사람의 독사 같은 마음 한스럽도다. 하늘의 눈이 수레바퀴처럼 돌아가고 있음을 누가 알리오? 지난해에 부질없이 동쪽 이웃에서 가져온 물건이 오늘은 다시 북쪽 집으로 돌아가는구나. 의롭지 않은 돈과 재물은 끓는 물에 눈〔雪〕이 녹는 것과 같이 없어지고, 우연히 얻은 전답은 물살이 모래를 미는 것과 같으니라. 만일 간사한 꾀로 생계를 삼는다면, 아침에 피었다가 저녁에 지는 꽃과 같이 오래가지 못하리라.

참고 감탄(堪歎) : 탄식하여 마지않다. 한탄스럽다. 천안(天眼) : 하늘이 내려다보는 눈. 환귀(還歸) : 돌아간다. 북사가(北舍家) : 북녘 집. 탕발설(湯潑雪) : 끓는 물에 뿌려지는 눈. 당래(儻來) : 뜻밖에 얻어진.

설명 사람은 마음을 악하게 쓰고 악독한 짓을 하면 안 된다. 언제나 어디에서나 하늘의 눈이 두루 감시하고 있음을 알아야 한다. 사람의 생존과 생활은 더없이 존엄하다. 절대로 하루살이 인생이 되어서는 아니 된다.

堪 견딜 감, 歎 한탄할 탄, 似 같을 사, 蛇 뱀 사, 轉 구를 전, 妄 허망할 망, 湯 끓을 탕, 潑 뿌릴 발, 儻 갑자기(혹은) 당, 狡 교활할 교, 譎 속일 휼.

省心篇·上 54

無藥可醫卿相壽요 有錢難買子孫賢이니라.
무약가의경상수 유전난매자손현

어떠한 약으로도 경상(卿相)의 수명을 고칠 수 없고, 돈이 있어도 자손의 어질고 현명함을 사지 못하느니라.

참고 무약가의(無藥可醫) : 고칠 수 있는 약이 없다. 경상(卿相) : 재상. 난매(難買) : 사기 어렵다.

설명 인간의 수명이나 자손의 현명함은 자신의 힘으로 되는 것이 아니다. '단명(短命)하거나 장수함에 흔들림이 없이 몸을 닦으며 기다리는 것이 천명을 아는 것'이라 한 말이 있다. 그리고 자손의 현명함 또한 돈으로 살 수 있는 것이 아니라 교육으로만 가능한 것이다.

醫 의원(고칠) 의, 卿 벼슬 경, 壽 목숨 수, 難 어려울 난, 賢 어질 현.

省心篇·上 55

一日清閑이면 一日仙이니라.
일일청한 일일선

하루 동안 마음이 깨끗하고 한가하면 하루 동안 신선이니라.

설명 옛날부터 신선이 되기를 바라는 마음은 누구에게나 있었지만, 신선이 따로 있는 것이 아니라 마음을 평온하게 갖고 맑아지면 그것이 신선이라는 말이다.

清 맑을 청, 閑 한가할 한, 仙 신선 선.

성심편(省心篇)・下

인덕(仁德)을 베풀고 사랑하라.

省心篇·下 1

眞宗皇帝御製에 曰,
진종황제어제 왈

知危識險이면 終無羅網之門이요 擧善薦賢이면 自有安身之路라 施仁布德은 乃世代之榮昌이요 懷妬報冤은 與子孫之危患이라 損人利己면 終無顯達雲仍이요 害衆成家면 豈有長久富貴리오 改名異體는 皆因巧語而生이요 禍起傷身은 皆是不仁之召니라.
지위식험 종무나망지문 거선천현 자유안신지로 시인포덕 내세대지영창 회투보원 여자손지위환 손인이기 종무현달운잉 해중성가 기유장구부귀 개명이체 개인교어이생 화기상신 개시불인지소

진종황제(眞宗皇帝)의 「어제(御製)」에 이르기를,

미리 위태로운 것을 알고 험한 것을 알면, 마침내 법망(法網)에 걸릴 까닭이 없을 것이요, 선한 이를 등용하고 어진 이를 천거하면 스스로 몸을 편안히 할 길이 있느니라.

인(仁)을 베풀고 덕(德)을 펴는 것은 곧 대대(代代)로 영화롭

고 창성할 것이요, 투기하는 마음을 품고 원한에 보복함은 자손에게 위태로움과 근심을 끼쳐주는 것이니라.

남을 해치고 자기 몸을 이롭게 한다면, 끝내 높이 되는 자손을 기를 수 없을 것이요, 여러 사람을 해쳐서 자기 집안을 이루게 하면 어찌 그렇게 얻은 부귀(富貴)가 오래갈 수 있으리오.

이름을 갈고 모양을 고치는 것은 모두 교묘한 말재주에서 나오게 된 것이요, 재앙이 일어나고 자기 몸까지 상하게 되는 것은 모두가 어질지 못함이 부르는 것이니라.

참고 진종황제(眞宗皇帝) : 북송(北宋)의 제3대 황제. 전주(澶州)의 맹약(盟約)을 맺어 거란과의 오랜 분쟁을 해결하고, 당시에 송나라 문물의 융성을 이루었음. 어제(御製) : 임금이 지은 시문(詩文). 나망(羅網) : 그물에 걸리다. 법망(法網). 라(羅)는 리(罹, 걸리다)로 해야 옳다. 그래서 '법망에 걸리다'로 풀이하였다. 거선(擧善) : 착한 사람을 올려 쓰는 것.
천현(薦賢) : 어진 사람을 천거하는 것. 자유(自由) : 스스로 있게 마련이다. 안신(安身) : 몸이 안락할 수 있는 길. 위환(危患) : 위태로움과 근심. 운잉(雲仍) : 자손을 말한다. 이체(異體) : 몸을 달리하는 것. 개시(皆是) : 모두가 ~이다.

설명 위험하다는 것을 미리 알고 조심하면 평생 법망에 걸리지 않을 것이다. 선정(善政)은 선량한 사람을 등용하는 것이다. 부모가 선(善)을 행하면 자자손손 그 집안이 흥성하고, 반대로 악(惡)을 행하면 자손들까지 해를 받고 사회적으로도 출세하지 못하게 된다. 남을 속이기 시작하면 나중에는 자신의 정체를 감추고 숨어 살아야 한다.

한편 남에게 어질지 못하고 악독하게 하면 종국에는 재앙에 휩싸이고, 심하면 자기 몸마저 해치게 될 것이다.

識 알 식, 羅 새그물 라, 網 그물 망, 擧 들 거, 薦 천거할 천,
懷 품을 회, 妬 투기할 투, 冤 원통할 원, 顯 나타날 현, 達 통달할 달,
體 몸 체, 禍 재화 화, 起 일어날 기, 傷 상처 상, 召 부를 소.

神宗皇帝御製에 曰,
신종황제어제 왈,

遠非道之財하고 戒過度之酒하며 居必擇隣하고 交必擇友하라 嫉妬를 勿起於心하고 讒言을 勿宣於口하며 骨肉貧者를 莫疎하고 他人富者를 莫厚하라 克己는 以勤儉爲先하고 愛衆은 以謙和爲首하며 常思已往之非하고 每念未來之咎하라 若依朕之斯言이면 治國家而可久니라.
원비도지재 계과도지주 거필택린 교필택우 질투 물기어심 참언 물선어구 골육빈자 막소 타인부자 막후 극기 이근검위선 애중 이겸화위수 상사이왕지비 매념미래지구 약의짐지사언 치국가이가구

신종황제(神宗皇帝)의 「어제(御製)」에 이르기를,

올바른 도리로 생긴 재물이 아니면 멀리하고, 도(度)에 지나친 술을 경계할 것이며, 집을 정할 때는 반드시 이웃을 먼저 가리고, 친구를 사귈 적에는 언제나 사람을 가려서 사귀어라.

또 남을 시기하는 마음을 갖지 말고, 남을 헐뜯는 말을 입 밖에 내지 말며, 가까운 일가〔골육(동기간)〕 중에 가난한 사람을 소홀히 하지 말고, 타인의 부귀(富貴)한 사람을 쓸데없이 후대하지 말라.

자신의 사리사욕을 극복함에 있어서는 언제나 부지런하고 검소한 것을 첫째로 삼고, 사람들을 사랑함에 있어서는 겸손

하고 화목한 것을 으뜸으로 삼으며, 항상 지난날의 잘못을 생각하고, 언제나 앞날의 허물을 염려하라.

만약 짐이 한 말을 잘 따르면 나라와 집안을 오랫동안 잘 다스리게 되느니라.

참고 신종(神宗) : 북송의 6대 황제. 참언(讒言) : 참소하는 말. 무고하게 남을 중상(中傷)하는 말. 물선(勿宣) : 퍼뜨리고 선전하지 마라. 골육(骨肉) : 뼈와 살을 함께 나눈 동기간이나 친족을 말함. 막소(莫疎) : 소홀히 하지 마라. 극기(克己) : 자기 자신을 극복함. 과도한 욕심이나 감정을 억제함. 애중(愛衆) : 사람들을 사랑하는 것. 겸화(謙和) : 겸손하고 화평한 것. 위수(爲首) : 첫째로 하는 것. 으뜸으로 삼다. 짐(朕) : 천사나 임금 사신이 자기를 낮춰 부르는 말. 가구(可久) : 오래 갈 수 있다.

설명 임금으로서 가져야 할 바른 마음을 일깨워 준 글이다. 아마도 세자에게 가르친 말일 것이나 일반 사람에게도 좋은 교훈이 될 것이다.

신종황제의 가르침은 여러 가지에 걸쳐 있다. 사악한 재물은 멀리하라, 과도하게 술을 마시지 말라, 환경을 가려서 거처를 정하고 친구도 가려서 사귀어야 한다, 질투심을 스스로 억제하고 남에 대한 참언을 입 밖에 내지 말라,

일가친척 간에 화목해야 한다, 특히 일가 중에 가난한 사람이 있으면 나서서 도와주어야 한다, 가난한 자기 일가친척을 소외하고 다른 부자에게 아첨하고 아부하는 추악한 짓을 하지 말라, 탐욕을 억제하고 사치 낭비하면 안 된다. 허망한 욕심을 극복하고 근검절약해야 한다, 남들을 넓게 사랑하고 정성으로 도와주어야 한다, 남에게 사랑을 베풀되 겸손하고 양순한 자세를 지녀야 한다, 진정한 사랑을 베푸는 사람은 남에게 거만하지 않다.

항상 과거의 잘못을 뉘우치고 앞으로 다시는 허물없기를 염원하라. 그렇게 하면 국가를 오래 다스릴 수 있을 것이다.

戒 경계할 계, 擇 가릴 택, 妬 강새암할 투, 讒 참소할 참, 宣 베풀 선,
克 이길 극, 勤 부지런할 근, 儉 검소할 검, 衆 무리 중, 謙 겸손할 겸,
念 생각할 념, 咎 허물 구, 依 의지할 의, 朕 나 짐, 久 오랠 구.

高宗皇帝御製에 曰,
고종황제어제 왈

一星之火도 能燒萬頃之薪하고 半句非言도 誤損平生之德이라 身被一縷나 常思織女之勞하고 日食三飧이나 每念農夫之苦하라 苟貪妬損이면 終無十載安康이요 積善存仁이면 必有榮華後裔니라 福緣善慶은 多因積行而生이요 入聖超凡은 盡是眞實而得이니라.
일성지화 능소만경지신 반구비언 오손평생지덕 신피일루 상사직녀지로 일식삼손 매념농부지고 구탐투손 종무십재안강 적선존인 필유영화후예 복연선경 다인적행이생 입성초범 진시진실이득

고종황제의 「어제(御製)」에 이르기를,

한 점(별만한)의 불티도 능히 만경(萬頃)의 섶을 불태우고, 반 마디 그릇된 말도 평생의 덕을 그르치고 훼손하느니라.

몸에 한 오라기의 실을 걸쳐도 항상 베 짜는 여자의 수고로움을 생각하고, 하루 세 끼니의 밥을 먹을 때마다 늘 농부의 힘 드는 것을 생각하라.

구차하게 탐내고, 시기해서 남에게 손해를 끼친다면, 결국 10년의 편안함도 없을 것이요, 선(善)을 쌓고 인(仁)을 보존하면, 반드시 후손들에게 영화가 있으리라.

복된 인연과 좋은 경사(慶事)는 대부분이 선행(先行)을 쌓음으로 인하여 생겨나는 것이요, 평범한 경지를 초월해서 성인의 경지에 들어가는 것은 모두 진실(眞實)함으로써 얻어지는 것이니라.

참고 일성(一星) : (별만한)한 점. 만경(萬頃) : 극히 넓은 면적을 뜻함. 경(頃)은 이랑의 뜻으로 만 이랑을 일컬음. 반구비언(半句非言) : 반 마디의 그릇된 말. 일루(一縷) : 하나의 실오라기. 직녀(織女) : 베 짜는 여자.
삼손(三飧) : 세 끼의 밥. 인(因) : 인하다. 연유하다. 적행(積行) : 선행(善行)을 쌓는 것. 입성(入聖) : 성인의 경지로 들어가는 것. 초범(超凡) : 평범한 경지를 초월하는 것. 진시(盡是) : 다. 오직. 진실이득(眞實而得) : 진실함으로 얻어진다.

설명 송나라가 금(金)나라에 쫓겨 양자강 남쪽으로 내려와 나라를 세웠다. 이것을 남송(南宋)이라 한다. 고종황제는 남송의 첫 임금이다.

이 글에서 비록 북반구를 잃었다 하더라도 백성들에게 바른 마음의 자세를 가지도록 하려는 간절한 마음을 엿볼 수가 있다.

한 점의 작은 불씨가 크게 번져 만 경(頃) 평야를 모두 태우듯이, 잘못한 말 한마디가 평생의 덕을 손상되게 하거나 혹은 뜻하지 않은 재화를 초래케 할 수 있다.

우리가 먹고 입고 사용하는 모든 음식이나 기물들이 다 다른 사람의 신성한 노동으로 생산된 것들이다. 감사하는 마음으로 물자를 절약해야 한다. 필요 이상으로 낭비하면 가정적으로나 국가적으로 파탄이 나게 된다.

남을 투기하고 내 욕심을 채우기 위하여 남에게 손해를 끼치면 결국은 내 마음이 편치 않고 양심의 가책을 받게 되거니와 또한 남으로부터 나쁜 앙갚음을 받게 된다. 인애(仁愛)로운 마음을 지니고 남에게 덕(德)을 베풀면 후손들도 번창하고 부귀영화를 누리게 될 것이다.

星 별 성, 燒 사를 소, 頃 넓이 단위 경, 薪 섶나무 신, 誤 그릇할 오, 被 이불 피, 縷 실 루, 織 짤 직, 飧 저녁밥 손, 農 농사 농, 截 해 재, 裔 후손 예, 緣 인연 연, 慶 경사 경, 超 넘을 초.

王良이 曰
왕량 왈,

欲知其君이면 先視其臣하고 欲識其人이면 先視
욕지기군 선시기신 욕식기인 선시

其友하고 欲知其父이면 先視其子하라
기우 욕지기부 선시기자

君聖臣忠하고 父慈子孝니라.
군성신충 부자자효

왕량이 말하였다.

그 임금을 알고자 하면 먼저 그 신하를 보고, 그 사람을 알고자 하면 먼저 그 벗을 보고, 그 아버지를 알고자 하면 먼저 그 자식을 보라.

임금이 거룩하면 그 신하가 충성스럽고, 아비가 인자(仁慈)하면 자식이 효성스러우니라.

참고 왕량(王良) : 춘추시대(春秋時代) 진(晉)나라 사람. 욕식(欲識) : 알고 싶다. 선시(先視) : 먼저 보라. 자효(子孝) : 자식이 효도한다.

설명 임금이 밝고 성스러우면 자연히 현명하고 충성된 신하들을 뽑아서 등용한다. 반대로 임금이 우둔하고 포악하면 간악한 신하들이 득세할 것이며 따라서 나라가 문란해질 것이다. 그와 마찬가지로 가정에서 아버지가 인자하고 성실하면, 그 자식도 효도하고 착할 것이다. 친구를 사귐에 있어서도 나쁜 사람은 나쁜 벗과 어울리고 좋은 사람은 좋은 벗과 어울리게 마련이다.

視 볼 시, 識 알 식, 聖 성스러울 성, 忠 충성 충, 慈 사랑할 자.

家語에 云,
가 어 운

水至清則無魚하고 人至察則無徒니라.
수 지 청 즉 무 어 인 지 찰 즉 무 도

공자의 「가어」에 이르기를,

물이 지극히 맑으면 고기가 없고, 사람이 지극히 살피면 친구가 없느니라.

참고 가어(家語) : 「공자가어(孔子家語)」를 말한다. 공자의 언행을 모은 책으로, 10권으로 되어 있음.

설명 공자가 자손들의 교훈으로 남기기 위해 쓴 말이다.

물은 맑아야 하지만 너무 맑으면 고기가 놀지를 못하듯이 사람이 살아감에 있어서 모든 일을 깊이 살펴야 하지만 지나치게 살피면 사람들이 사귀기를 꺼려 한다.

'내명(內明)'이라는 말이 있다. 속으로 현명하면서 겉으로는 어수룩함이다.

완전무결한 사람은 없다. 서로 이해하고 관용하는 너그러움이 있어야 서로 어울리고 벗할 수 있다. 설사 잘못해도 관대하게 용서해야 서로 어울릴 수 있다.

나의 좁은 식견이나 편견으로 남을 탓하고 비난하면 원만한 인간관계를 유지할 수 없다.

至 이를(지극히) 지, 則 곧 즉, 魚 고기 어, 察 살필 찰, 徒 무리 도.

許敬宗이 **曰**
허경종 왈,

春雨如膏나 **行人**은 **惡其泥濘**하고 **秋月**이 **揚輝**나 **盜者**는 **憎其照鑑**이니라.
춘우여고 행인 오기이녕 추월 양휘 도자 증기조감

허경종이 말하였다.

봄비가 땅을 기름지게 하지만 길가는 사람은 그 진창을 싫어하고, 가을달이 밝은 빛을 드날리나 도둑질하는 자는 그 밝게 비추는 것을 싫어하느니라.

참고 허경종(許敬宗) : 자는 연족(延族), 당나라 사람. 고(膏) : 땅을 기름지게 함. 이녕(泥濘) : 진창. 양휘(揚輝) : 가을달이 높이 떠서 밝다.

설명 사람은 각기 자기 처지에 따라 생각한다. 그것은 자신에게 이롭게 하려는 심리이다. 이런 점을 뒤집어서 생각하면 남을 대할 때는 그 사람의 처지에 맞도록 생각해 주는 것이 조화로운 생각이다. 의견 갈등이나 대립은 모두가 나의 주장만 고집하고 남의 처지를 이해해 주지 않기 때문이다.

나에게 좋은 것이 남에게는 나쁜 상황이 될 수도 있다는 점에 유의하라는 가르침이다.

모든 사람은 우주의 영원한 시간과 무한한 공간 속에 살고 있는 극히 미미한 존재이다. 그러므로 우주와 하나가 되어야 한다. 그래야 소아(小我)가 아닌 대아(大我)의 삶을 살 수 있다.

膏 살찔 고, 惡 싫어할 오(악할 악), 泥 진흙 니, 濘 진창 녕, 揚 오를 양, 輝 빛날 휘, 盜 훔칠 도, 憎 미워할 증, 照 비출 조, 鑑 거울 감.

景行錄에 **云**하였으되,
경행록 운

大丈夫는 **見善明 故**로 **重名節於泰山**하고 **用心精 故**로 **輕死生於鴻毛**니라.
대장부 견선명 고 중명절어태산 용심 정 고 경사생어홍모

「경행록(景行錄)」에 이르기를,

대장부는 선(善)을 보는 것이 밝음으로 명분과 절의(節義)를 태산보다도 더 소중히 여기고, 마음을 쓰는 것이 정(精)함으로 죽고 사는 것을 기러기 털보다도 더 가볍게 여기느니라.

참고 견선명(見善明) : 선을 밝게 보다. 고(故)로 : 그러므로, 까닭에. 중명절(重名節) : 명분(名分)과 절의(節義)를 중히 여기다. 어(於) : ~보다도. 태산(泰山) : 산동성에 있는 높은 산 이름. 중국 오악(五嶽)의 하나. 용심정(用心精) : 마음 씀이 정성되다. 경사생(輕死生) : 생사를 가볍게 여기다. 홍모(鴻毛) : 기러기의 털. 극히 가벼운 것을 표현하는 말임.

설명 선(善)은 천도를 따르고 행함이다. 천도와 천리를 따르고 지키려는 마음이 곧 정성된 마음이다. 마음이 하늘과 하나가 되면 생사(生死)를 초월할 수 있다. 과거 역사의 의사나 열사는 모두 이러한 자세로 불의(不義)와 맞서며 의롭게 살았던 것이다. 대장부라는 말이 그렇게 쉽게 불릴 이름이 아님을 명심해야겠다.

節 절개 절, 泰 클 태, 精 정밀할 정, 輕 가벼울 경, 鴻 큰기러기 홍.

省心篇·下 8

閔人之凶하고 樂人之善하며 濟人之急하고 救人之危니라.
민인지흉 낙인지선 제인지급 구인지위

남의 흉한 일을 마음속으로부터 민망히 여기고, 남의 선한 것을 즐거이 대하며, 남의 급함을 건져 주고, 남의 위험을 구제해 주어야 하느니라.

참고 민(閔) : 민망히 여기다. 동정하고 걱정하다. 급(急) : 다급하게 몰리다. 위(危) : 위험. 위난.

설명 우리의 아름다운 풍속은 이웃의 슬픔이나 즐거움을 함께하는 것이다. 죽음에 당하여 함께 슬퍼하고 도와주며 남의 선행에는 표창하여 축하한다. 이웃의 불을 함께 꺼 주고 위급한 일을 서로 돕는다.

閔 민망할 민, 凶 흉할 흉, 濟 건널(구제할) 제, 救 구원할(도울) 구.

省心篇·下 9

經目之事도 恐未皆眞이어늘 背後之言을 豈足深信이리오.
경목지사 공미개진 배후지언 기족심신

눈으로 직접 본 일도 다 진실이 아닐까 두렵거늘, 등 뒤에서 하는 말을 어찌 족히 깊이 믿을 수 있으리오.

참고 경목(經目) : 눈을 거쳐 간 곳. 직접 눈으로 보다. 공미(恐未) : 아닐까 두렵다. 배후지언(背後之言) : 등 뒤에서 하는 말. 기족심신(豈足深信) : 어찌 깊이 믿을 만하냐?

설명 내가 듣는 데서 누가 내 말을 했더라도 믿을 것이 없거니와 나 자신의 등 뒤에서 하는 말은 말 할 것도 없다.

經 지날 경. 恐 두려울 공. 眞 참 진. 背 등 배. 豈 어찌 기.

不恨自家汲繩短하고 只恨他家苦井深이로다.

불 한 자 가 급 승 단　　　지 한 타 가 고 정 심

자기 집(우리집) 두레박줄이 짧은 것은 탓하지 않고, 남의 집 우물이 깊은 것만을 탓하느니라.

참고 급승(汲繩) : 두레박 줄. 타가(他家) : 다른 집.
고정심(苦井深) : 우물이 깊다.

설명 '제 발부리는 탓하지 않고 돌만 탓한다'는 말이 있듯이, 두레박 줄이 짧지, 우물이 깊은 것이 아니다.

자기의 두레박이라는 것과 남의 우물이라는 관계에서 우물만 탓한다.

누구나 자신의 잘못은 생각하지 않고 남의 탓으로만 돌리는 이기적 자세에 대한 훈계다.

恨 한할(탓할) 한. 汲 길을(긷다) 급. 繩 줄 승. 短 짧을 단.

贓濫이 滿天下하되 罪拘薄福人이니라.
장 람 만 천 하 죄 구 박 복 인

부정하게 재물을 취하는 사람이 천하에 가득하되 죄에 걸려 구속되는 사람은 박복한 사람뿐이니라.

참고 장람(贓濫) : 뇌물을 받고 부정을 저지르는 것. 죄구(罪拘) : 죄로 구속됨.

설명 사회의 부정적인 단면을 지적한 말이다.

법이 무서워서 죄를 저지르지 않는다는 생각 이전에 양심에 부끄러워 못한다는 자세가 필요하다. 그래서 법보다 우선하는 것이 사회 윤리요 양심인 것이다.

贓 장물 장, 濫 퍼질 람, 罪 허물 죄, 拘 잡을 구, 薄 엷을 박.

天若改常이면 不風卽雨요
천 약 개 상 불 풍 즉 우

人若改常이면 不病卽死니라.
인 약 개 상 불 병 즉 사

하늘이 만약 평상과(상도와) 다르게 되면 폭풍이 불지 않으면 폭우가 쏟아질 것이요, 사람이 만약 상도(常道)를 벗어나면 병들지 않으면 죽느니라.

참고 약(若) : 만약. 개상(改常) : 평상과 다르게 됨. 상도(常道)를 어기다.
불~즉(不~卽~) : ~하지 않으면, 즉 ~하다.

설명 바람이나 비도 자연 현상이기는 하나 폭풍이나 폭우는 상도로 받아들이기는 어렵다. 사람이 병들고 죽는 것도 불가피하게 지나가는 과정이기는 하나, 까닭 모를 병이나 또는 갑작스러운 죽음은 평상의 과정은 아니다. 어딘가 상도를 벗어났기 때문에 오는 것임이 틀림없다. 이 글은 평상의 진리대로 살아가야지, 상도를 어기면 그에 따른 재앙이 있다는 교훈이다.

하늘이 노하면 거센 폭풍우가 내린다. 특히 인간들이 잘못하면 하늘이 천벌을 내린다고 믿었다. 사람들이 따르고 지킬 상도(常道)는 하늘의 도리를 바탕으로 하고 있다. 그러므로 하늘이 평상과 다르게 폭풍우를 내린다고 함은 인간들이 천도를 어기고 하늘의 노여움을 샀음을 뜻한다.

改 고칠 개, 常 항상 상, 卽 곧 즉, 病 병 병, 死 죽을 사.

壯元詩에 云,
장원시 운,

國正이면 天心順하고 官淸이면 民自安이라.
국정 천심순 관청 민자안

妻賢이면 夫禍少하고 子孝면 父心寬이니라.
처현 부화소 자효 부심관

「장원시」에 이르기를,

나라가 바르면 천심(天心)도 순하고, 벼슬아치가 청렴하면 백성이 절로 편안하느니라. 아내가 어질면 그 남편의 화(禍)가 적고, 자식이 효성스러우면 그 아버지의 마음이 너그러우니라.

참고 장원시(壯元詩) : 과거에서 장원으로 뽑힌 사람의 시. 국정(國正) : 나라의 정치가 바르다. 천심순(天心順) : 하늘의 마음이 부드럽게 된다. 천심(天心)은 민심이다. 관청(官淸) : 벼슬아치나 관청이 청렴결백함.

설명 나라의 운명은 하늘의 뜻이라는 고귀함을 강조하였다. 관리와 서민의 관계는 항상 연관 되어 있는 것인데, 서민이 편하려면 관리의 청렴결백이 우선으로 대두된다. 천심순(天心順)에는 '하늘의 마음과 만민의 마음이 순탄하게 된다'는 뜻과 '자연의 운행이 순조롭게 된다. 즉 풍조우순(風調雨順)'의 뜻이 다 포함되어 있다.

남의 부인을 내상(內相)이라고도 하는 데, 이는 '안에서 돕는다'는 뜻이다. 내조(內助)도 같은 뜻이다.

효도란 부모의 마음을 편하게 해드리는 것이다. 아주 평범한 진리이다. 진리는 항상 평범한 것이지만 행하기란 매우 어렵다는 것을 잊어서는 안 된다.

壯 씩씩할 장, 順 순할 순, 官 벼슬 관, 妻 아내 처, 賢 어질 현, 禍 재화 화, 孝 효도 효, 寬 너그러울 관.

子曰
자 왈,

木從繩則直하고 人受諫則聖이니라.
목 종 승 즉 직 인 수 간 즉 성

공자께서 말씀하셨다.

나무는 먹줄을 따라 깎으면 곧아지고, 사람은 남의 충고를 받아들이면 성스러워지느니라.

참고 승(繩) : 먹줄. 수간(受諫) : 간함을 받아들인다. 즉, 남의 충고를 받아들이는 것.

설명 먹줄은 직선으로 그은 줄이다. 충고하는 말도 직언이라 한다. 곧은 말이다. 이 곧은 말을 따르면 굽은 나무를 곧게 깎듯이 내가 곧은 사람이 된다는 뜻이다. 남의 충고를 평탄한 마음으로 받아들일 자세를 가지면 스스로 바른 사람이 될 것이다.

從 좇을 종, 繩 먹줄 승, 直 곧을 직, 諫 간할 간, 聖 성스러울 성.

省心篇·下 15

一派青山景色幽한데 前人田土後人收라 後人收得莫歡喜하라 更有收人在後頭니라.

일파청산경색유 전인전토후인수 후인수득막환희 갱유수인재후두

한 줄기 푸른 산에 경치가 그윽한데, 앞사람이 가꾸던 밭과 토지를 뒷사람이 거두는구나. 뒷사람은 거두어 얻는 것을 기뻐하지 말라. 다시 거둘 사람이 뒷머리에 있느니라.

참고 일파(一派) : 한줄기로 죽 뻗은. 전인전토(前人田土) : 먼저 주인이 농사지었던 전답이다. 후인수(後人收) : 뒷사람이 거두어 차지함.
갱유수인(更有收人) : 땅을 다시 차지할 또 다른 사람이 있다.

설명 지금 내가 소유하고 있는 땅도 전에 다른 사람이 차지했던 것이다. 또 지금의 내 땅도 오래지 않아서 다른 사람이 차지하게 될 것이다. 재물에 대한 집착은 미망(迷妄)이다. 인간의 삶의 가치는 재물을 소유함에 있지 않고 재물을 활용하여 문화를 창조함에 있다. 창조적 삶을 살아야 한다.

派 물갈래 파, 景 볕 경, 幽 그윽할 유, 收 거둘 수, 莫 말 막,
歡 기뻐할 환, 喜 기쁠 희, 更 다시 갱(고칠 경).

蘇東坡曰
소 동 파 왈,

無故而得千金이면 **不有大福**이라 **必有大禍**니라.
무 고 이 득 천 금 　 불 유 대 복 　 필 유 대 화

소동파가 말하였다.

까닭 없이 천금을 얻으면 큰 복이 있는 것이 아니라, 반드시 큰 재앙이 있느니라.

참고 소동파(蘇東坡) : 이름은 식(軾), 호가 동파(東坡)다. 북송(北宋)의 문인으로서 당송팔대가(唐宋八大家)의 한 사람. 그 아버지 순(洵) 및 아우 철(轍)과 더불어 삼소(三蘇)로 불렸다.

설명 노력 없이 얻은 결과는 모두가 부실하다. 더구나 그것이 까닭 없이 많은 재물을 얻었다면 그것은 사람의 마음을 방탕하게 만든다. 방탕이란 자신에게 화를 불러올 소지가 되는 것이다.

故 연고 고, 福 복 복, 禍 재화 화.

康節邵先生이 **曰**
강 절 소 선 생 　 왈,

有人이 **來問卜**하되 **如何是禍福**고 **我虧人是禍**요 **人虧我是福**이니라.
유 인 　 래 문 복 　 여 하 시 화 복 　 아 휴 인 시 화 　 인 휴 아 시 복

강절 소선생이 말하였다.

어떤 사람이 와서 점을 치되, '어떤 것이 화(禍)가 되고 어떤 것이 복이 되느냐'고 하기에 대답했다. '내가 남을 해롭게 하면 이것이 화(禍)요 남이 나를 해롭게 하면 이것이 복(福)이니라.'

참고 문복(問卜) : 점을 묻는 것. 여하(如何) : 어떻게 하느냐? 어떠한 상태. 휴(虧) : 해롭게 하다. 손해를 입히다. 해치다.

설명 화와 복이 밖에서 오는 것이 아니라 나에게서 일어나는 것이다. 남을 해롭게 하면 그 결과의 재앙이 나에게 오는 것이 당연하고, 남이 나를 헐뜯는 것을 내가 대꾸하지 않으면 그 이상의 화는 없으니 복이 되는 것이다.

問 물을 문, 卜 점 복, 禍 재화 화, 福 복 복, 虧 이지러질 휴.

大廈千間(대하천간)이라도 夜臥八尺(야와팔척)이요 良田萬頃(양전만경)이라도 日食二升(일식이승)이니라.

큰 집이 천 칸이라도 밤에 눕는 것은 여덟 자뿐이요, 좋은 밭이 만 경(萬頃)이라도 하루의 식량은 두 되를 먹느니라.

설명 큰 집이나 좋은 전답을 가지려는 것이 일반적인 욕망이기는 하지만 이 한 몸을 유지하는 것은 여덟 자 이상이 필요 없고 하루의 식량이 두 되를 넘지 않는다.

廈 큰 집 하, 臥 누워 잘 와, 頃 넓이 단위 경, 食 먹을 식, 升 되 승.

省心篇·下19

久住令人賤이요 **頻來親也疎**라 **但看三五日**에 **相見不如初**니라.
(구주령인천 빈래친야소 단간삼오일 상견불여초)

오래 머물면 사람으로 하여금 천히 여겨지고, 자주 찾아오면 친하던 사이도 소원해지느니라. 다만 사흘이나 닷새만 보아도 서로 보는 것이 처음만 같지 못하니라.

설명 반가운 친구나 손님이라도 이따금 만나면 반갑지만, 너무 자주 만나면 귀찮은 생각이 들 수도 있다는 내용이다.

久 오랠 구, 令 영 령, 賤 천할 천, 頻 자주 빈, 但 다만 단.

省心篇·下20

渴時一滴은 **如甘露**요 **醉後添盃**는 **不如無**니라.
(갈시일적 여감로 취후첨배 불여무)

목마를 때 한 방울의 물은 감로수(甘露水)와 같고, 취한 뒤에 더 마시는 술잔은 아니든 것만 못하니라.

참고 일적(一滴) : 한 방울의 물. 여감로(如甘露) : 단 이슬과 같다.
불여무(不如無) : 없음만 못하다.

설명 술은 적당히 마시면 약주가 되지만 과음하면 독주가 된다. 취한

다음 거듭 마시면 안 된다. 스스로 자제할 줄 알아야 한다. 술이 술을 마시게 하는 사람은 술을 마실 자격이 없다.

渴 목마를 갈, 滴 물방울 적, 甘 달 감, 露 이슬 로,
醉 취할 취, 添 더할 첨, 盃 잔 배.

省心篇·下 21

酒不醉人이요 **人自醉**라 **色不迷人**이요 **人自迷**니라.
주불취인 인자취 색불미인 인자미

술이 사람을 취하게 하는 것이 아니라 사람이 스스로 취하고, 색(色)이 사람을 미혹시키는 것이 아니라 사람이 스스로 미혹되는 것이니라.

설명 모든 것이 자기에게 달려 있다. 술을 마시면 취하는 것은 당연한 결과이지만, 취하고 안 취하는 것은 마시는 본인에게 달려 있다. 여색을 좋아하는 것이 인간의 본능이기는 하지만, 거기에 정신이 흐려지는 것은 본인의 의지가 약하기 때문이다.

酒 술 주, 不 아닐 불, 醉 취할 취, 色 빛 색, 迷 미혹할 미.

省心篇·下 22

公心을 **若比私心**이면 **何事不辨**이며, **道念**을 **若同情念**이면 **成佛多時**니라.
공심 약비사심 하사불변 도념 약동정념 성불다시

공(公)을 위하는 마음을 만약 사(私)를 위하는 마음에 비할 수 있다면, 무슨 일에서든 옳고 그름을 가려내지 못할 것이며, 도(道)를 향하는 마음을 만약 남녀의 정(情)을 생각하는 마음과 같게 한다면 부처를 이룬 지가 이미 오래이니라.

설명 공(公)과 사(私)가 대칭되면서 항상 사 쪽에 더 기울어지는 것이 일반 세속적인 범인(凡人)의 마음이요, 그것이 바로 욕심이다.

이 욕심은 사리 판단을 흐리게 한다. 도를 갈구하되 이성을 그리는 마음처럼 한다면 성현이 되기에 그리 어려운 것이 아니다.

比 견줄 비, 辨 분별할 변, 念 생각할 념, 成 이룰 성, 佛 부처 불.

濂溪先生曰
염 계 선 생 왈,

巧者言하고 拙者默하며 巧者勞하고 拙者逸하며
교 자 언 졸 자 묵 교 자 로 졸 자 일

巧者賊하고 拙者德하며 巧者凶하고 拙者吉하나니
교 자 적 졸 자 덕 교 자 흉 졸 자 길

嗚呼라 天下拙이면 刑政이 撤하여 上安下順하며
오 호 천 하 졸 형 정 철 상 안 하 순

風淸弊絶하리라.
풍 청 폐 절

주염계 선생이 말하였다.

교자(巧者)는 말을 잘하고 졸자(拙者)는 말이 없으며, 교자는 수고롭고 졸자는 한가하며, 교자는 남을 해치고 졸자는 덕성스러우며, 교자는 흉하고 졸자는 길하다. 아! 천하가 졸(拙)하면 형정(刑政)이 없어져 위가 편안하고 아래가 순종하며, 풍속이 맑고 나쁜 폐단이 없어지리라.

참고 염계(廉溪) : 성은 주(周). 이름은 돈이(敦頤). 염계는 그 자다. 북송(北宋)의 유학자. 송학(宋學, 朱子學)의 원조로서 「태극도설(太極圖說)」과 「통서(通書)」를 저술하였음. 교자(巧者) : 재주 있고 꾀 있는 자. 덕보다 재주를 앞세우고 자신의 탐욕을 채우는 소인배. 졸자(拙者) : 재주 없는 소박하고 우직한 사람. 도(道)를 지키는 사람. 묵(黙) : 말없이 묵묵히 도를 행한다. 로(勞) : 수고롭고 번거롭게 움직이고 일함. 일(逸) : 태연하다. 적(賊) : 욕심을 채우기 위하여 남의 재물을 훔친다. 흉(凶) : 음흉하고 흉악한 짓을 한다. 길(吉) : 착하고 복된 일을 한다. 형정(刑政) : 형사(刑事)에 관한 행정.

설명 소인(小人)은 사사로운 탐욕을 채우고 권세나 이득을 얻기 위하여 간교하고 간사한 권모술수(權謀術數)를 부린다. 나아가 남을 속이고, 남의 재물을 사취한다. 소인배들이 정치에 참여하면 국민을 기만하고 국가의 재물을 도둑질한다.

그 결과 국가나 백성에게 흉악한 재앙을 안겨 준다. 이와는 반대로 소박하고 우직하게 무위자연(無爲自然)의 도를 따르고 행하는 대인(大人)은 나라를 흥성케 하고 백성에게 착하고 길한 복을 안겨 준다.

'무위자연'의 도는 곧 만물을 스스로 자라고 번성케 하는 자연의 도리, 즉 천도(天道)다. 천도는 광명정대(光明正大)하고, 공평무사(公平無私)하고 영구불변(永久不變)하는 진리다. 천도를 소박하고 우직하게 지키고 행하는 사람이 대인이다.

巧 공교할 교, 拙 졸할 졸, 黙 묵묵할 묵, 勞 일할 로, 逸 안일할 일, 賊 도둑 적, 凶 흉악할 흉, 嗚 탄식소리 오, 呼 부를 호, 刑 형벌 형, 撤 거둘 철, 弊 해질 폐, 絶 끊을 절.

易에 曰,
역　왈

德微而位尊하고 智小而謀大면 無禍者鮮矣니라.
덕미이위존　지소이모대　무화자선의

「주역」에 이르기를,

덕이 없으면서도 지위가 높고, 지혜가 작으면서 도모하는 일이 크면 재앙(禍가)이 없을 자가 거의 없느니라.

참고 주역(周易) : 삼경(三經)의 하나로 역경(易經)이라고도 함. 우주의 원리와 인간의 길흉화복을 기록한 책. 문왕(文王) · 주공(周公) · 공자(孔子)에 의해 완성되었다고 한다.

설명 덕이란 언행에 나타나 상대방에게 감화를 주는 힘이 있다. 이러한 힘이 없이 자리만 높으면 상대방에게 감화를 주지 못할 뿐만 아니라 남의 비웃음을 사게 된다. 지혜는 일을 도모하는 저력이다.

微 작을 미, 尊 높을 존, 智 슬기 지, 謀 꾀할 모, 鮮 적을 선.

說苑에 曰,
설원　왈

官怠於宦成하고 病加於小愈하며 禍生於懈怠하고 孝衰於妻子니 察此四者하여 愼終如始니라.
관태어환성　병가어소유　화생어해태　효쇠어처자　찰차사자　신종여시

「설원」에 이르기를,

벼슬살이는 지위가 높아진 데서 게을러지고, 병은 조금 낫는 데서 더해지며, 재앙은 게으른 데서 생기고, 효도는 처자 때문에 흐려지니(쇠해지니), 이 네 가지를 잘 살펴서 끝을 삼가 처음과 같이 할지니라.

참고 설원(說苑) : 전한(前漢) 때 유향(劉向)이 편찬하였다. 유문일사(遺聞逸事)를 모은 책. 관태(官怠) : 관직을 태만히 함. 환성(宦成) : 벼슬이 이루어진다. 즉 지위가 높아지다. 소유(小愈) : 조금 나아지나. 해태(懈怠) : 해이해지고 태만히 함. 효쇠(孝衰) : 부모에 대한 효성이 쇠퇴함. 신종(愼終) : 끝까지 신중하게 행동함. 여시(如始) : 처음과 다름없이. 한결같이.

설명 모든 일에 있어 처음과 끝이 한결같기가 어렵다. 누구나 처음의 결의가 대단하지만 실행해 가면서 그 결의가 점점 식어가고 마침내 그런 결의가 있었던가 할 정도로 망각하고 만다.

시종여일(始終如一), 즉 처음부터 끝까지 한결같이 해야 한다. 그러기 위해서는 항상 긴장된 마음으로 정성을 다해서 모든 일을 처리해야 한다.

怠 게으를 태, 宦 벼슬 환, 愈 나을 유, 懈 게으를 해,
衰 쇠할 쇠, 察 살필 찰, 愼 삼갈 신.

器滿則溢하고 人滿則喪이니라.
기만즉일 인만즉상

그릇은 차면 넘치고, 사람도 차면 (재물을 많이 가지면) 자신을 잃느니라.

참고 인만(人滿) : 사람이 재물을 많이 갖거나 더없이 높은 자리에 오르다.

설명 물이 그릇에 차면 넘치고, 달도 차면 기운다. '물건이 성하면 쇠한다(物盛則衰)'는 말이 있다. 무엇이나 한계가 있다. 사람이 찬다는 말은 자신이 최고라든가 내가 최대라는 생각을 말한다. 자신이 이것으로 꽉 찼다는 생각, 이것이 교만이다.

器 그릇 기, 滿 찰 만, 則 곧 즉, 溢 넘칠 일, 喪 죽을 상.

省心篇·下 27

尺璧非寶요 寸陰是競이니라.
척 벽 비 보 촌 음 시 경

한 자나 되는 구슬이라도 보배가 아니요, 한 치의 짧은 시간을 다툴지니라(아껴라).

참고 척벽(尺璧) : 벽은 구슬, 즉 한 자가 되는 옥돌.
촌음(寸陰) : 한 치의 시간, 즉 극히 짧은 시간.

설명 자(尺)와 치(寸)의 대구에 유의하라. 구슬은 한 치만 되어도 보석이라 하여 귀히 여긴다. 그러기를 한 자나 되는 구슬이다.
그러나 이것이 보석이 아니라 한 치밖에 안 되는 시간, 곧 '찰나'라 할 수 있는 시간을 아껴 보배처럼 생각하라는 것이다. 시간은 나만을 위해서 존재하지 않는다.

璧 둥근 옥 벽, 寶 보배 보, 陰 응달 음, 競 겨룰(다툴) 경.

省心篇·下 28

羊羹이 雖美나 衆口를 難調니라.
양갱 수미 중구 난조

양고기 국이 비록 맛이 좋으나 뭇사람의 입맛에 고루 맞추기는 어려우니라.

참고 양갱(羊羹) : 양고기 국. 난조(難調) : 맞추기 어렵다.

설명 아무리 좋은 일이라도 여러 사람을 다 즐겁게 할 수는 없다는 비유이다. 따라서 누구나 다 좋아하는 말을 들으려 하면 정직과는 거리가 멀 수밖에 없다는 뜻이 숨어 있다.

羹 국 갱, 雖 비록 수, 衆 무리 중, 難 어려울 난, 調 고를 조.

省心篇·下 29

益智書에 云하였으되,
익지서 운

白玉은 投於泥塗라도 不能汚穢其色이요
백옥 투어니도 불능오예기색

君子는 行於濁地라도 不能染亂其心하나니
군자 행어탁지 불능염란기심

故로 松栢은 可以耐雪霜이요 明智는 可以涉危難이니라.
고 송백 가이내설상 명지 가이섭위 난

「익지서」에 이르기를,

흰 옥(玉)은 진흙 속에 던져도 그 빛을 더럽힐 수 없고, 군자는 혼탁(混濁)한 곳에 갈지라도 그 마음을 어지럽힐 수 없다. 그러므로 소나무와 잣나무는 서리와 눈을 견디어 내고, 밝고 지혜 있는 이는 위난(危難)을 잘 건너가느니라.

참고 니도(泥塗) : 진흙. 오예(汚穢) : 더럽히다. 탁지(濁地) : 혼탁한 땅.
염란(染亂) : (군자의 마음을) 나쁘게 물들도록 하고 어지럽히는 것.
가이(可以) : 할 수 있다. 명지(明智) : 명석한 지혜, 혹은 지혜 있는 사람.

설명 여름의 비바람이 아무리 거세어도 나무는 견디어 내지만, 겨울의 눈보라는 견디지 못한다.

선비가 평탄한 세상에는 뜻을 세우기가 쉽지만, 혼탁한 세상에서는 뜻을 지키기가 어려운 것이다.

군자는 절대 선인 천도(天道)를 구현하려는 고결한 뜻을 지니고 있다. 그러므로 혼탁한 속세에 처해도 타락하거나 충절을 잃는 법이 없다.

군자의 절개는 엄동설한에도 굽히지 않는 송백(松柏)과 같아야 한다.

泥 진흙 니, 塗 진흙 도, 汚 더러울 오, 穢 더러울 예, 濁 흐릴 탁,
染 물들일 염, 栢 측백나무 백, 耐 견딜 내, 霜 서리 상, 涉 건널 섭.

入山擒虎는 易하나 開口告人은 難이니라.
입산금호 이 개구고인 난

산에 들어가 호랑이를 잡기는 쉬우나 입을 열어 남에게 말하기는 어려우니라.

설명 말하기가 어렵다는 것을 말한 것이다. 남에게 말한다는 것이 호

랑이 잡기보다 어렵다는 사실을 연상하면 '침묵은 금'이라는 서양 격언을 이해할 것이다.

말은 때와 장소를 가려서 논리를 바로 세우고 표현을 정확하게 해야 한다.

擒 사로잡을 금, 虎 범 호, 易 쉬울 이, 告 알릴 고, 難 어려울 난.

省心篇·下 31

遠水는 不救近火요 遠親은 不如近隣이니라.
원수 불구근화 원친 불여근린

먼 곳에 있는 물은 가까이 있는 불을 끌 수 없고, 먼 곳의 친척은 가까운 이웃만 못하니라.

참고 원친(遠親) : 멀리서 사는 친척. 혹은 사이가 벌어진 친척.

설명 물이 불을 끌 수 있는 것이지만 먼 곳에 있는 물은 가까이 있는 불을 끄지 못하듯이 친척이 다정한 것이지만, 먼 곳에 있는 친척이 조석으로 대하는 이웃만큼 다정하지 못할 수도 있다. 그래서 '이웃사촌'이란 말이 있다.

멀리 있는 친척은 다정한 이웃만 못하다.

遠 멀 원, 救 구원할(도울) 구, 近 가까울 근, 隣 이웃 린.

太公이 曰,
태공 왈

日月이 雖明이나 不照覆盆之下하고 刀刃이 雖
일월 수명 부조복분지하 도인 수

快나 不斬無罪之人하고 非災橫禍는 不入愼家
쾌 불참무죄지인 비재횡화 불입신가

之門이니라.
지문

태공이 말하였다.

해와 달이 제아무리 밝으나 엎어놓은 물동이 밑바닥까지는 비추지 못하고, 칼날이 제아무리 날카로우나 죄없는 사람의 목을 베지 못하고, 나쁜 재앙과 빗나간 횡화(橫禍, 횡액)는 행동을 삼가고 신중한 사람의 집 문안에는 들어가지 못하느니라.

참고 수(雖) : 비록 ~해도. 부조(不照) : 비추지 못한다. 복분(覆盆) : 엎어놓은 동이. 도인(刀刃) : 칼날. 쾌(快) : 잘 든다. 날카롭다. 비재(非災) : 엉뚱한 재앙. 횡화(橫禍) : 빗나간 화. 뜻밖의 화난.

설명 자신의 몸가짐을 항상 신중하게 하고 성실히 살림을 가꾸면 재앙이 이를 수 없다는 것을 강조한 글이다.

죄를 짓지 않으면 형벌의 칼을 두려워하지 않아도 된다. 위험을 미리 알고 조심하면 법망에 걸리지 않는다.

覆 뒤집힐 복, 盆 동이 분, 斬 벨 참, 禍 재화 화, 愼 삼갈 신.

太公이 曰,
태공 왈

良田萬頃이 不如薄藝隨身이니라.
양전만경 불여박예수신

태공이 말하였다.

좋은 밭일만 이랑이 있어도 얕은 (하찮은) 재주가 몸에 따르는 것만 못하니라.

설명 배움이란 살아가는 자료를 소유하는 것이 아니라 살아가는 방법을 배우는 것이다. 훌륭한 아버지는 우물에서 아들에게 물을 떠주는 것이 아니라 물을 뜨는 방법을 가르쳐주는 것이다. 무위도식(無爲徒食)은 죄악이다.

頃 넓이 단위 경, 薄 엷을 박, 藝 기예 예, 隨 따를 수.

省心篇·下 34

性理書(성리서)에 云(운)하였으되,

接物之要(접물지요)는 己所不欲(기소불욕)을 勿施於人(물시어인)하고 行有不得(행유부득)이어든 反求諸己(반구제기)니라.

「성리서(性理書)」에 이르기를,

사물(事物)을 처리하는 요체(要諦)는 자기가 하기 싫은 일을 남에게 요구하지 말고, 자기가 행하고도 성과가 없거든 그 잘못된 원인을 자신에게서 돌이켜 생각해 보아야 하느니라.

설명 「성리서(性理書)」는 유가의 경전을 말한다.

유가에서는 '충(忠)'과 '서(恕)'를 매우 중시한다. 인(仁)의 실행이 이 충과 서이다. 충(忠)은 내 할 일을 충실히 하는 것이요, 서(恕)는 위에 말한 내가 하기 싫은 것을 남에게 시키지 않는 것이다. 이렇듯 모든 것을 나로 미루어 생각하기 때문에 내가 이루지 못한 것은 나에게 잘못이 있는 것이다.

내가 하기 싫은 것을 남에게 강요하지 마라. 일이 잘못된 경우에는 그 원인을 자신에게서 찾아야 한다.

接 사귈 접, 要 요점 요, 欲 원할 원, 施 베풀 시, 諸 모든 제.

酒色財氣四堵墻에 多少賢愚在內廂이라
주 색 재 기 사 도 장 다 소 현 우 재 내 상

若有世人이 跳得出이면 便是神仙不死方이니라.
약 유 세 인 도 득 출 변 시 신 선 불 사 방

술과 여색과 재물과 기운(혈기)의 네 가지로 쌓은 담 안에 수많은 어진 이와 어리석은 자가 그 방 안에 있느니라.

만약 세상 사람 중에 이것에서 뛰쳐나오는 이가 있다면 그것은 곧 신선이 되어 죽지 않는 방책이니라.

참고 사도장(四堵墻) : 도장(堵墻)은 담의 뜻으로 네 가지(술 · 색 · 재물 · 기운)로 쌓은 담으로 풀이된다. 내상(內廂) : 집안. 불사방(不死方) : 죽지 않는 방책.

설명 주색이나 재기(財氣)가 사람의 본성을 방탕하게 한다. 이 네 가지에 자유로울 수 있다면 신선이 따로 없는 것이 아니라 그가 바로 신선인 것이다.

'군자는 하늘의 도리를 따르고 행하지 못할 것을 걱정할지언정 가난하게 사는 것을 걱정하지 않는다(君子憂道 不憂貧).' 「論語」

堵 담 도, 墻 담 장, 愚 어리석을 우, 廂 행랑 상, 跳 뛸 도, 便 곧 변(편할 편).

입교편(立敎篇)

삼강오륜과 수신제가치국을 위한 가르침.

立敎篇 1

子曰(자왈), 立身有義(입신유의)하니 而孝爲本(이효위본)이요 喪祀有禮(상사유례)하니 而哀爲本(이애위본)이요 戰陣有列(전진유열)하니 而勇爲本(이용위본)이요 治政有理(치정유리)하니 而農爲本(이농위본)이요 居國有道(거국유도)하니 而嗣爲本(이사위본)이요 生財有時(생재유시)하니 而力爲本(이역위본)이니라.

공자께서 말씀하셨다.

몸을 세움에 의(義)가 있으니, 효도(孝道)가 그 근본이요, 상사(喪祀)에 지킬 예(禮)가 있으니, 슬퍼함이 그 근본이요, 싸움터에 대열(隊列)이 있으니, 용맹이 그 근본이요, 나라를 다스리는데 이치(理致)가 있으니, 농사가 그 근본이요, 나라를 지키는데 방도(方道)가 있으니, 후사(後嗣)가 그 근본이요, 재물을 생산함에 시기가 있으니, 노력이(힘이) 그 근본이니라.

참고 입교(立敎) : 가르침을 세우다. 입신(立身) : 몸을 세우다. 사회에 나가서 활동하고 출세하다. 유의(有義) : 지켜야 할 도의(道義). 상사(喪祀) : 상례(喪禮)와 제사(祭祀). 사(嗣) : 계승함. 대대로 물려줌. 역위본(力爲本) : 때에 맞추어 힘들여 일함을 바탕으로 함.

설명 집안에서 효도하는 사람은 국가에도 충성하며, 따라서 입신출세한다. 부모의 장례나 선조에 대한 제사는 경건하고 애도하는 마음으로 지내야 한다. 싸움터에서는 용맹을 으뜸으로 앞세운다. 정치는 생산과 경제를 중시해야 한다. 국가를 잘 지키고 대대로 물려 영원히 발전시켜야 한다. 때를 놓치지 말고 힘들여 생산하고 재물을 축적해야 한다.

義 옳을 의, 祀 제사 사, 禮 예도 례, 哀 슬플 애, 嗣 이을 사.

立教篇 2

景行錄(경행록)에 **云**(운)하였으되,

爲政之要(위정지요)는 **曰公與淸**(왈공여청)이요 **成家之道**(성가지도)는 **曰儉與勤**(왈검여근)이니라.

「경행록」에 이르기를,

정사(政事)를 다스리는 요점은 공정함과 청렴함이요, 집안을 일으키는 길은 검소함과 부지런함이니라.

참고 공여청(公與淸) : 공정(공평)과 청렴결백. 검여근(儉與勤) : 검약과 근면. 일똘히게 씀씀이를 절약하고 부지런히 일해 벌어들인다.

설명 정치에 있어 공정함과 청렴함이 무엇보다도 중요하고 가정생활에 있어서도 검소함과 부지런함이 집안을 보전하는 첫길이다.

政 정사 정, 公 공변될 공, 與 더불어(함께) 여, 儉 검소할 검, 勤 부지런할 근.

立敎篇 3

讀書는 **起家之本**이요
독서 기가지본

循理는 **保家之本**이요
순리 보가지본

勤儉은 **治家之本**이요
근검 치가지본

和順은 **齊家之本**이니라.
화순 제가지본

책을 읽는 것은 집안을 일으키는 근본이요, 이치를 따르는 것은 집안을 보존하는 근본이요, 부지런함과 검소함은 집안을 다스리는 근본이요, 평화로움과 온순함은 집안을 가지런히(평온하게) 하는 근본이니라.

참고 독서(讀書) : 책을 읽음. 글공부를 함. 순리(循理) : 도리나 이치를 따름. 보가(保家) : 가정을 잘 보존함. 근검(勤儉) : 근검과 검약. 화순(和順) : 온화하고 유순함. 가족이 서로 화목하고 온순함. 제가(齊家) : 집안을 가지런히 다스림. 모든 식구가 저마다의 위치에서 각자의 본분을 다하고 협동해서 집안을 홍성케 함.

설명 책을 읽는다는 것은 모든 이치를 알자는 것이요, 이치를 아는 것은 나의 본분을 아는 것이니 한 가정이 성립되는 초석이 될 것이다. 이치를 알면 그 이치에 순응하는 것이 가정을 보존하는 것이며, 그렇게 되면 평화와 온순함도 절로 이루어지며 그러한 가정은 항상 화목하다.

「역경(易經)」에, '집안이 바로잡혀야 천하가 안정된다(正家而天下定).'라고 했다.

循 좇을 순, 勤 부지런할 근, 儉 검소할 검, 齊 가지런할 제.

立敎篇 4

孔子三計圖에 云하였으되,
공자삼계도 운

一生之計는 在於幼하고 一年之計는 在於春하고
일생지계 재어유 일년지계 재어춘

一日之計는 在於寅이니 幼而不學이면 老無所
일일지계 재어인 유이불학 노무소

知요 春若不耕이면 秋無所望이요 寅若不起면
지 춘약불경 추무소망 인약불기

日無所辦이니라.
일무소판

공자께서 「삼계도」에 이르기를,

일생의 계획은 어릴 때 있고, 일 년의 계획은 봄에 있고, 하루의 계획은 새벽에 있으니, 어려서 배우지 않으면 늙어서 아는 것이 없고, 봄에 밭을 갈지 않으면 가을에 바랄 것이 없으며, 새벽에 일어나지 않으면 그 날의 할 일이 없느니라.

참고 일생지계(一生之計) : 일생의 계획. 재어인(在於寅) : 새벽에 잘 세워야 한다. 인(寅) : 인시(寅時). 새벽 네 시.

설명 삼계도라 함은 일생, 일 년, 하루의 계획을 말한 것이다. 곧 첫 출발의 계획이 완전해야 기대되는 결과가 있다는 말이다. '하루아침의 계획은 새벽에 있다'는 말이 근본이다. 하루하루의 계획이 확고하여 하루의 생활이 성실하면 그것이 쌓여서 일 년이요, 일생이 되기 때문이다. 계획 없는 삶에서 만족할 만한 결과를 기다린다는 것은 봄에 씨 뿌리지 않고 추수를 기대하는 것과 같다.

計 꾀 계, 圖 그림 도, 幼 어릴 유, 春 봄 춘, 寅 셋째 지지 인,
所 바 소, 若 만약 약, 耕 밭갈 경, 望 바랄 망, 辦 힘쓸 판.

立教篇 5

性理書에 云
성리서 운,

五敎之目은 父子有親하며 君臣有義하며 夫婦有別하며 長幼有序하며 朋友有信이니라.
오교지목 부자유친 군신유의 부부유별 장유유서 붕우유신

「성리시」에 이르기를,

다섯 가지 가르침의 조목은, 어버이와 자식 사이엔 친함이 있어야 하며, 임금과 신하 사이엔 의리가 있어야 하며, 남편과 아내 사이엔 분별이 있어야 하며, 어른과 어린이 사이엔 차례가 있어야 하며, 벗 사이엔 돈독한 믿음(신의)이 있어야 하는 것이니라.

설명 성리서는 「서경(書經)」을 말하고 오교(五敎)는 오륜(五倫)을 말한다. 윤(倫)은 '차례', '질서'를 뜻한다. 질서에는 두 가지가 있으니 자연 질서와 인위 질서이다. 자연 질서는 예(禮)이고 인위 질서는 법(法)이다. 사람으로서 부득불 참여하게 되는 질서에 다섯 가지가 있다. 이것이 곧 오륜이다.

태어나면 제일 먼저 부자관계가 형성되고, 형제가 늘어나면서 장유의 관계가 형성되고, 친구가 생기면서 붕우관계가 형성되고, 이성을 알아 결혼을 해야 하니 부부관계가 형성되고, 사회와 국가 형성의 일원이 되어야 하니 군신관계가 형성된다. 이 군신은 국가와 국민의 관계다.

이 자연의 관계를 지키기 위하여 각자의 직분이 있다. 어버이 사랑하고 자식 효도하며(夫慈子孝), 국가는 의롭고 국민은 충성하며(君義臣忠), 남편은 온화하고 아내는 순하며(夫和婦順), 형은 우대하고 아우는 공손하며(兄友弟恭), 친구는 서로 믿는다(朋友相信). 이것이 親·義·別·序·信을 지키기 위한 직분인 것이다.

親 친할 친, 義 옳을 의, 婦 아내 부, 序 차례 서, 朋 벗 붕.

立敎篇 6

三綱은 **君爲臣綱**이요 **父爲子綱**이요 **夫爲婦綱**이니라.
삼강 군위신강 부위자강 부위부강

세 가지 강(綱)이란 국가는(君, 임금은) 국민(臣, 신하)의 근본이 되고, 아버지는 자식의 근본이 되고, 남편은 아내의 근본이 되는 것이니라.

참고 강(綱)은 벼리. 그물의 위에 있는 굵은 줄. 사물의 근본을 뜻함.

설명 강(綱)이란 인간관계를 그물에 견주어 그물을 펴는 벼릿줄로 비유한 것이다. '삼강'은 세 가지 기본적 인간관계에 있어 그 기준이 되고 근본을 잡아주고 또 다스리는 주체적·중심적 존재를 뜻한다.

국가는 국민의 벼릿줄이 되어야 국민의 위치가 분명해지고, 아버지는 자식을 위하여 벼릿줄이 되어야 자식이 바르게 성장할 수 있고, 남편은 아내를 위시한 한 가정의 가장으로서 벼릿줄이 되어야 그 가정이 튼튼한 것이다. 가정과 국가의 안정을 위한 적확한 덕목이다.

綱 벼리 강, 爲 할(되다) 위.

立敎篇 7

王蠋이 **曰**,
왕촉 왈

忠臣은 **不事二君**이요 **烈女**는 **不更二夫**니라.
충신 불사이군 열녀 불경이부

왕촉이 말하였다.

충신은 두 임금을 섬기지 않고, 열녀는 두 지아비를 섬기지 않느니라.

참고 왕촉(王蠋) : 전국시대(戰國時代)의 제(齊)나라 사람. 연(燕)나라 군대가 쳐들어와서 성이 함락되자, 항복하라는 권고를 받았으나 단호히 이를 물리치고 스스로 목을 매어 죽었다. 충신으로 이름 높음.

설명 충신은 충절(忠節)을, 열녀는 정절(貞節)을 지킨다. 절개는 지극한 정성과 신뢰 및 의리에서 나오는 미덕이다. 여기서 말하는 두 임금은 성이 다른 두 왕조를 말한다. 전 왕조를 섬기던 신하가 그 왕조가 망하면 다음 왕조에는 벼슬을 안 한다는 말이다. 두 지아비란 전 남편이 죽거나 버리고 다시 개가함을 뜻하는 것이다.

忠 충성 충, 臣 신하 신, 事 섬길 사, 烈 세찰 렬, 更 바꿀 경, 다시 갱.

立敎篇 8

忠子曰
충 자 왈,

治官엔 莫若平이요 臨財엔 莫若廉이니라.
치관 막약평 임재 막약렴

충자가 말하였다.

관청의 일을 처리함에는 공평함 만한 것이 없고, 재물 앞에서는 청렴함 만한 것이 없느니라.

설명 공평(公平)이란 말은 공사의 평형이란 말이다. 관리로서의 신조는 공평으로써 모든 일을 바르게 하는 것이요, 이것을 벗어나면 불신이 뒤따라 아무리 잘하려 해도 믿어 주지 않는다. 서민의 불신이란 관청에서 먼저 공평함을 잃었기 때문이다. 재물 앞에서는 욕심이 나기 마련이다. 이 욕심을 멀리하게 하는 것이 청렴한 마음이다.

莫 말 막, 若 같을 약, 臨 임할 림, 財 재물 재, 廉 청렴할 렴.

立敎篇 9

張思叔座右銘에 曰,
장사숙좌우명 왈

凡語을 必忠信하며 凡行을 必篤敬하며 飮食을 必
범어 필충신 범행 필독경 음식 필

愼節하며 字畫을 必楷正하며 容貌을 必端莊하며
신절 자획 필해정 용모 필단장

衣冠을 必肅整하며 步履을 必安詳하며 居處을 必
의관 필숙정 보리 필안상 거처 필

正靜하며 作事을 必謀始하며 出言을 必顧行하며
정정 작사 필모시 출언 필고행

常德을 必固持하며 然諾을 必重應하며 見善如
상덕 필고지 연낙 필중응 견선여

己出하며 見惡如己病하라.
기출 견악여기병

凡此十四者는 皆我未深省이라, 書此當座右하
범차십사자 개아미심성 서차당좌우

여 朝夕視爲警하노라.
조석시위경

장사숙의 「좌우명(座右銘)」에 이르기를,

무릇 말을 반드시 충실하고 믿음이 있게 하며, 무릇 행실은 반드시 독실하고 공경히 하며, 음식은 반드시 삼가고 알맞게 하며, 글씨는 반드시 정확하고 반듯하게 쓰며, 용모는 반드시 단정하게 하며, 의관은 반드시 엄숙하고 바르게 하며, 걸음걸이는 반드시 편안하고 점잖게 하며, 거처하는 곳은 반드시 바르고 조용하게 하며, 일하는 것은 반드시 계획을 세워서 시작하며, 말을 하는 때는 반드시 그 행한 바를 돌아보며, 평상의 덕(德)은 반드시 굳게 가지며, 일을 허락할 때는 반드시 신중히 응하며, 선(善)을 보거든 내게서 나온 것같이 여기며, 남의 잘못을〔악(惡)을〕 보거든 마치 자신의 병처럼 여겨라.

무릇 이 열네 가지는 모두 내가 깊이 살피지 못한 것이다. 이들을 써서 자리 오른편에 붙이고 아침저녁으로 보고 경계하노라.

참고 장사숙(張思叔) : 북송(北宋) 때 학자, 성리학(性理學)의 대가로 정이천(程伊川)의 제자임. 좌우명(座右銘) : 늘 자리 오른쪽에 써 붙인 글로, 반성하는 자료를 삼는 격언.

설명 이상의 14개를 다음과 같이 요약할 수 있다.

언어 행동을 경건하게 하라. 용모나 의관을 단정하게 하라. 주거 환경을 안정되게 하고 식생활을 간소하게 하라. 처음부터 일을 신중하게 꾸미고 실천 불가능한 말이나 대답을 하지 마라. 걸음걸이나 글씨를 반듯하게 하라. 항상 어진 덕을 지니고 선행(善行)에 힘써라.

篤 도타울 독, 愼 삼갈 신, 楷 곧을 해, 貌 얼굴 모, 肅 엄숙할 숙, 履 밟을 리, 詳 자세할 상, 靜 고요할 정, 謀 꾀할 모, 顧 돌아볼 고, 固 굳을 고, 諾 대답할 낙, 應 응할 응, 深 깊을 심, 省 살필 성, 座 자리 좌, 視 볼 시, 警 경계할 경.

立教篇 10

范益謙座右銘에 曰
범익겸좌우명 왈,

一不言朝廷利害邊報差除요 二不言州縣官
일불언조정이해변보차제 이불언주현관

員長短得失이요 三不言衆人所作過惡之事요
원장단득실 삼불언중인소작과악지사

四不言仕進官職趨時附勢요 五不言財利多
사불언사진관직추시부세 오불언재리다

少厭貧求富요 六不言淫媟戲慢評論女色이요
소염빈구부 육불언음설희만평론여색

七不言求覓人物干索酒食이니라.
칠부언구멱인물간색주식

又人附書信을 不可開坼沈滯요 與人竝坐에 不
우인부서신 불가개탁침체 여인병좌 불

可窺人私書요 凡入人家에 不可看人文字요 凡
가규인사서 범입인가 불가간인문자 범

借人物에 不可損壞不還이요 凡喫飮食에 不可
차인물 불가손괴불환 범끽음식 불가

揀擇去取요 與人同處에 不可自擇便利요 凡人
간택거취 여인동처 불가자택편리 범인

富貴를 不可歎羨詆毁라.
부귀 불가탄선저훼

凡此數事에 有犯之者면 足以見用心之不正이
범차수사 유범지자 족이견용심지부정

니 於存心修身에 大有所害라 因書以自警하노라.
어존심수신 대유소해 인서이자경

범익겸(范益謙)의 「좌우명(座右銘)」에 이르기를,

첫째는 정부(조정)의 이롭고 해로운 일과 변방의 보고와 누가 벼슬에 임명된 일 등을 말하지 말 것이요,

둘째는 고을의 벼슬살이 하는 관리들의 장단점과 득실(得失)을 말하지 말 것이요,

셋째는 여러 사람들이 저지른 잘못과 나쁜 일을 말하지 말 것이요,

넷째는 누가 관직에 임명되었다거나 누가 세력에 아부해서 출세한다는 일들을 말하지 말 것이요,

다섯째는 재산이 많고 적은 것이나 가난한 게 싫다거나 부자를 바란다거나 하는 말을 하지 말 것이요,

여섯째는 음탕하고 난잡스러운 말이나 여색에 대해 평판하지 말 것이요,

일곱째는 남에게 물건을 요구하거나 술이나 음식을 억지로 달라고 말하지 말 것이다.

또 남이 부탁한 편지가 있으면 이것을 뜯어보거나 묵혀 두지 말며, 남의 곁에 같이 앉았을 때 남의 사사로운 편지를 엿보지 말 것이요, 무릇 남의 집에 가서 남의 문자를 훑어보지 말고, 남의 물건을 빌렸거든 이것을 훼손하거나 묵혀 두지 말 것이요, 무릇 음식을 먹을 적에는 가려서 먹거나 버리거나 취하지 말고, 남과 같이 있으면서 자기만 편한 것을 가려서 취하지 말고, 무릇 남의 부귀한 것을 봄에 감탄하고 부러워하거나 헐뜯지 말라.

무릇 이러한 몇 가지 일을 범하는 경우가 있다면 그 마음 쓰

는 것이 바르지 못함을 볼 수 있으니, 바른 마음을 보존하고 몸을 닦는데 크게 해로움이 있는지라, 이로 인하여 이 글을 써서 옆에 두고 스스로 경계하노라.

참고 범익겸(范益謙) : 남송(南宋)의 학자, 이름은 충(沖)이다. 차제(差除) : 차(差)는 관리를 파견함. 제(除)는 벼슬에 임명함. 음설(淫媟) : 음탕하고 난잡함. 구멱(求覓) : 탐내고 가지려 함. 간색(干索) : 무리하게 요구하다. 병좌(竝坐) : 함께 앉다. 차수사(此數事) : '하지 말라'는 7개항과 '하면 안 된다'의 7개항, 즉 14개의 경계할 일.

설명 남에게 함부로 말하면 안 될 7개 항과 해서는 안 될 행동 7개 항을 열거하였다. 인격을 완성하는 수신을 위해 적극적으로 착한 일을 하는 것도 중요하다. 그러나 소극적 선행으로 악한 일을 하지 않음도 중요하다. 즉 위에 적힌 14개의 '하면 안 될 사항'들을 잘 지켜야 한다. 이상의 사항들은 오늘날의 사회생활에서도 지키고 행할 예의범절이라 하겠다.

廷 조정 정, 邊 가 변, 縣 고을 현, 趨 달릴 추, 勢 기세 세, 厭 싫을 염,
淫 음란할 음, 媟 깔볼 설, 評 평할 평, 覓 찾을 멱, 索 찾을 색,
坼 터질 탁, 滯 막힐 체, 窺 엿볼 규, 喫 마실 끽, 揀 가릴 간,
擇 가릴 택, 羨 부러워할 선, 詆 꾸짖을 저, 毁 헐(험담할) 훼,
凡 무릇 범, 犯 범할 범, 修 닦을 수, 因 인할 인, 警 경계할 경.

立教篇 11

武王(무왕)이 問太公曰(문태공왈), 人居世上(인거세상)에 何得貴賤貧富(하득귀천빈부) 不等(부등)고 願聞說之(원문설지)하여 欲知是矣(욕지시의)로이다.

太公(태공)이 曰(왈), 富貴(부귀)는 如聖人之德(여성인지덕)하여 皆由天命(개유천명)이

어니와 富者(부자)는 用之有節(용지유절)하고 不富者(불부자)는 家有十盜(가유십도)니이다.

주(周) 무왕(武王)이 태공(太公)에게 물었다.

"사람이 같은 세상에 사는데 어찌해서 귀하고 천한 것이나 가난하고 부자로 사는 차이가 생기는지, 이에 대한 말씀을 듣고자 합니다. 그 까닭을 알고 싶습니다."

태공(太公)이 대답하였다.

"부하고 귀한 것은 성인(聖人)의 덕(德)과 같아서 모두 하늘이 준 운명에 의한 것이긴 하지만, 부자로 사는 사람은 쓰는 것을 절도 있게 쓰고, 가난하게 사는 사람은 그 집에 열 가지 도둑〔十盜〕이 있나이다."

참고 무왕(武王) : 문왕(文王)의 아들. 부왕(父王)의 유업(遺業)을 계승하여 은(殷)나라의 폭군(暴君) 주왕(紂王)을 쳐서 멸하고 중국을 통일하여 주왕조(周王朝)를 세웠음. 강태공(姜太公) 여상을 왕사(王師)로 받들었음.
불등(不等) : 같지 않다. 고르지 않다. 설지(說之) : 빈부귀천이 다른 까닭을 설명함.

貴 귀할 귀, 賤 천할 천, 貧 가난할 빈, 等 가지런할 등, 願 원할 원, 聖 성인 성, 皆 다 개, 命 명할 명, 節 마디 절, 盜 훔칠 도.

立敎篇 12

武王(무왕)이 曰(왈), 何謂十盜(하위십도)이오 太公(태공)이 曰(왈), 時熟不收(시숙불수) 爲一盜(위일도)요 收積不了(수적불료) 爲二盜(위이도)요 無事燃燈寢睡(무사연등침수)

爲三盜요 慵懶不耕이 爲四盜요 不施功力이 爲五盜요 專行巧害 爲六盜요 養女太多 爲七盜요 晝眠懶起 爲八盜요 貪酒嗜慾이 爲九盜요 强行嫉妬 爲十盜니이다.
위삼도 용라불경 위사도 불시공력 위오도 전행교해 위육도 양녀태다 위칠도 주면라기 위팔도 탐주기욕 위구도 강행질투 위십도

무왕(武王)이 다시 물었다.

"그 열 가지 도둑이란 무엇을 가리키는 것입니까?"

태공(太公)이 대답하였다.

"곡식이 익었는데 이것을 제때에 거두어들이지 않는 것이 첫째의 도둑이요, 다음으로는 거두기 시작했더라도 이것을 창고에 들여다가 쌓는 것을 마치지 않는 것이 둘째의 도둑이요, 아무 일도 없이 등불을 켜놓고 잠자는 것이 셋째의 도둑이요, 게을러서 농사를 짓지 않고 놀기만 하는 것이 넷째의 도둑이요, 아무런 공력(功力)을 들이지 않고 남에게 베풀지 않는 것이 다섯째의 도둑이요, 오로지 교활하고 남에게 해가 되는 일만 골라서 행하는 것이 여섯째의 도둑이요, 딸을 너무 많이 낳아서 기르는 것이 일곱째의 도둑이요, 낮잠 자고 게을러서 아침 늦게 일어나는 것이 여덟째의 도둑이요, 술을 몹시 즐기고 욕심을 부리는 것이 아홉째의 도둑이요, 지나치게 남을 시기(질투)하는 것이 열 번째의 도둑입니다."

熟 익을 숙, 了 마칠 료, 燃 사를 연, 燈 등잔 등, 睡 잘 수,
慵 게으를 용, 懶 게으를 라, 嗜 즐길 기, 嫉 시기할 질, 妬 강새암할 투.

立敎篇 13

武王이 曰 家無十盜而不富者는 何如이오. 太
무 왕 왈, 가 무 십 도 이 불 부 자 하 여 · 태

公이 曰 人家에 必有三耗니이다. 武王이 曰 何
공 왈, 인 가 필 유 삼 모 · 무 왕 왈, 하

名三耗이오. 太公이 曰 倉庫漏濫不蓋하여 鼠雀
명 삼 모 · 태 공 왈, 창 고 누 람 불 개 서 작

亂食이 爲一耗요 收種失時 爲二耗요 抛撒米
난 식 위 일 모 수 종 실 시 위 이 모 포 살 미

穀穢賤이 爲三耗니이다.
곡 예 천 위 삼 모

무왕(武王)이 또 물었다.

"그렇다면 집에 이런 열 가지 도둑이 없는데도 부자가 못되는 것은 어째서입니까?"

태공이 대답하였다.

"그것은 그 집에 반드시 재물을 손실하는(줄이는) 세 가지가 있습니다."

무왕이 물었다.

"세 가지 손실하는 것이란 무엇을 말하는 것입니까?"

태공이 대답하였다.

"창고에 비가 새도 지붕을 덮지 않아서 쥐나 새들이 마냥 까먹도록 내버려두는 것이 첫 번째의 손실인 것이요, 밭에 씨를 제때에 뿌리지 못하거나 제때에 거두어들이지 못하는 것이 두 번째의 손실인 것이요, 곡식을 땅에 흩뜨려 더럽고 천한 물건처럼 여기는 것이 세 번째의 손실입니다."

참고 누람(漏濫) : 물이 새어 넘치는 것. 쥐구멍이 뚫린 것. 불개(不蓋) : 덮지 않는 것. 난식(亂食) : 함부로 먹다. 수종(收種) : 거두고 씨 뿌리는 것. 실시(失時) : (거두거나 씨 뿌릴) 때를 놓치는 것.

耗 줄(손실) 모, 漏 샐 루, 濫 퍼질 람, 蓋 덮을 개, 鼠 쥐 서, 雀 참새 작, 亂 어지러울 난, 抛 던질 포, 撒 뿌릴 살, 穀 곡식 곡, 穢 더러울 예.

立教篇 14

武王이 **曰 家無三耗而不富者**는 **何如**이오. **太公**이 **曰 人家**에 **必有一錯 二誤 三癡 四失 五逆 六不祥 七奴 八賤 九愚 十强**하여 **自招其禍**요 **非天降殃**이니이다.

무왕 왈, 가무삼모이불부자 하여·태공 왈, 인가 필유일착, 이오, 삼치, 사실, 오역, 육불상, 칠노, 팔천, 구우, 십강 자초기화 비천강앙

무왕(武王)이 물었다.

"집안에 세 가지의 손실이 없는데도 부자가 되지 못하는 것은 어째서입니까?"

태공이 대답하였다.

"그것은 집에 반드시 열 가지 나쁜 것이 있어서 그러한 것이오니, 그것은 첫째 일을 잘못한 것, 둘째 일을 그르친 것, 셋째 바보스러운 것, 넷째 매사에 실수하는 것, 다섯째 인륜을 거역하는 처사, 여섯째 상서롭지 못한 일, 일곱째 종(奴)의 행세를 하는 것, 여덟째 천한 일을 하는 것, 아홉째 어리석은 것, 열째 지나치게 강한(뻔뻔스러운) 것 등으로써, 이런 일들은 스스로 화

를 부르는 것이요, 하늘이 주는 재앙은 아닙니다."

錯 그르칠(잘못) 착, 誤 그릇할 오, 癡 어리석을 치, 逆 거스를 역, 祥 상서로울 상, 奴 종 노, 賤 천할 천, 愚 어리석을 우, 招 부를 초, 殃 재앙 앙.

立敎篇 15

武王이 曰, 願悉聞之하노이다. 太公이 曰, 養男不
무왕 왈, 원실문지 . 태공 왈, 양남불

敎訓이 爲一錯이요 嬰孩不訓이 爲二誤요 初迎
교훈 위일착 영해불훈 위이오 초영

新婦不行嚴訓이 爲三癡요 未語先笑 爲四失이
신부불행엄훈 위삼치 미어선소 위사실

요 不養父母 爲五逆이요 夜起赤身이 爲六不祥
불양부모 위오역 야기적신 위육불상

이요 好挽他弓이 爲七奴요 愛騎他馬 爲八賤이요
호만타궁 위칠노 애기타마 위팔천

喫他酒勸他人이 爲九愚요 喫他飯命朋友 爲
끽타주권타인 위구우 끽타반명붕우 위

十强이니다. 武王이 曰, 甚美誠哉라 是言也여.
십강 . 무왕 왈, 심미성재 시언야 .

무왕(武王)이 말하였다.

"그 자세한 내용을 모두 듣고자 합니다."

태공(太公)이 말하였다.

"자식을 낳아 기르기만 하고 교육시키지 않는 것이 첫 번째의 잘못이요, 어린아이 때부터 교훈시키지 않는 것이 두 번째로 일을 그르친 것이요, 처음 아내를 맞이하여 엄하게 가르치지 않는 것이 세 번째의 어리석은 것이요, 남이 말하기 전에 먼저 웃는 것이 네 번째의 실수요, 제 부모를 공양하지 않는 것이 다섯 번째의 인륜을 거스르는 일이요, 밤중에 알몸으로 일어나 밖에 나가는 것이 여섯 번째 상서롭지 못한 것이요, 남의 무기를(활을) 가지고 자기가 쓰기를 좋아하는 것이 일곱 번째 종의 행세를 하는 것이요, 남의 말(馬)을 빌려다가 타기를 좋아하는 것이 여덟 번째 천한 일이요, 남의 술을 얻어먹으면서 그 술을 다른 사람에게 권하는 것이 아홉 번째의 어리석은 것이요, 남의 밥을 먹고 지내면서 벗에게 명령하는 것이 열 번째의 지나친 행동(뻔뻔함)인 것입니다."

무왕(武王)이 말하였다.

"참으로 아름답고 진실하도다, 이 말씀이여!"

참고 은(殷)나라 말기 주왕(紂王)은 폭정이 심했다. 백성이 살 수 없을 정도여서 강태공(姜太公)은 위수(渭水)에서 곧은 낚시를 강에 담가 놓고 밝은 세상을 기다리고 있었다. 그러다가 문왕(文王)이라는 현군을 만나 선정을 하였다. 문왕의 아들 무왕(武王)은 태공을 스승으로 모셔 선정을 베풀고 민심을 얻어 주(周)나라를 세워 천자가 되었다. 적신(赤身) : 알몸. 불상(不祥) : 상서롭지 않음. 흉함. 강(强) : 강심장. 뻔뻔스럽다.

설명 주(周)나라 무왕과 강태공의 문답 속에는 여러 가지의 교훈이 담겨 있다. 크게 부귀를 누리는 것은 천명(天命)에 의한다. 그러나 자신이 노력하고 잘못하지 않으면, 작은 부자로 살 수 있다. 특히 집안에서 재물을 축내는 열 가지 항목, 즉 십도(十盜)와 삼모(三耗)를 피해야 한다. 이렇게 하면 부자가 된다. 그래도 부자가 되지 못하는 것은 열 가지 잘못이 있기 때문이나. 결국 불행이나 재앙은 사람이 잘못하여 자초하는 것이다.

悉 다 실, 訓 가르칠 훈, 嬰 갓난아이 영, 孩 어린아이 해, 嚴 엄할 엄,
赤 붉을 적, 挽 당길 만, 喫 마실 끽, 勸 권할 권, 誠 정성 성.

치정편(治政篇)

공직 사회에 대한 가르침.

治政篇 1

明道先生이 曰, 一命之士가 苟有存心於愛物이면 於人에 必有所濟니라.
명도선생 왈, 일명지사 구유존심어애물 어인 필유소제

명도 선생이 말하였다.

처음으로 벼슬을 얻은 선비가 진실로 자기의 직책과 공사(公事)를 소중히 여기는 마음을 지닌다면, 자기가 다스리는 사람들을 잘 제도할 수 있을 것이니라.

참고 명도 선생(明道先生) : 정호(程顥), 북송(北宋)의 유학자(儒學者). 주돈이(周敦頤)에게 수학(受學)했으며 성리학(性理學)을 크게 발전시켰음. 성리학은 주자(朱子)에 이르러 대성(大成)을 보았기 때문에 정주학(程朱學)이라고도 함. 도학(道學)에 밝다하여 사람들로부터 명도 선생(明道先生)으로 일컬어지며, 또 그의 아우 정이(程頤)와 함께 이정(二程)으로 불렸다. 치정(治政) : 정사를 다스림. 애물(愛物) : 물(物)은 넓은 뜻으로 '대상', 즉 자기가 맡은 직책과 공사(公事). 혹은 기물이나 재물.

설명 벼슬길에 나아간다는 것은 만민을 구제하기 위한 것이다. 관리는 자기가 맡은 직책과 자기 소관 하에 있는 모든 사물(事物)을 사랑하는 마음을 지녀야 한다.

命 명령 명, 士 선비 사, 苟 진실로 구, 存 있을 존, 濟 건널 제.

治政篇 2

唐太宗御製에 云하였으되,
당태종어제 운

上有麾之하고 中有乘之하고 下有附之하여 幣帛
상유휘지 중유승지 하유부지 폐백

衣之요 倉廩食之하니 爾俸爾祿이 民膏民脂니라
의지 창름식지 이봉이록 민고민지

下民은 易虐이어니와 上蒼은 難欺니라.
하민 이학 상창 난기

당(唐)나라 태종(太宗)의 「어제(御製)」에 이르기를,

위에는 일을 지시하는 임금이 있고, 중간에는 그 지시를 받아 다스리는 관리가 있고, 그 아래에는 여기에 따라가기만 하는 백성이 있는데, 모든 관리는 보수로 받은 비단으로 옷을 해 입고, 창고에 쌓인 곡식으로 밥을 해 먹으니, 알고 보면 너희들이 받는 봉급이 모두 백성들에게서 짜낸 기름이니라. 관리들은 아래에 있는 백성들을 학대하기는 쉽거니와 위에서 내려다보는 푸른 하늘은 속이기 어려우니라.

참고 당태종(唐太宗) : 당(唐)나라의 제2대 임금. 아버지 이연(李淵)을 도와서 수나라를 멸하고 당나라를 세웠음. 휘(麾) : 지휘하는 것. 승(乘) : 여기서는 다스리는 것. 상창(上蒼) : 위에 있는 푸른 하늘. 난기(難欺) : 속이기 어렵다.

설명 관리들은 백성들의 땀과 노력의 대가로 녹봉을 받아먹고 산다. 그러므로 백성들에게 잘해야 한다. 백성을 학대하면 하늘이 노한다.

麾 대장기 휘, 幣 비단 폐, 廩 곳집 름, 俸 녹 봉, 祿 복 록, 膏 살찔 고, 脂 기름 지, 虐 사나울 학, 蒼 푸를 창, 欺 속일 기.

治政篇 3

童蒙訓에 **曰**,
동몽훈 왈

當官之法이 **唯有三事**하니
당관지법 유유삼사

曰淸曰愼曰勤이라
왈청왈신왈근

知此三者면 **知所以持身矣**니라.
지차삼자 지소이지신의

「동몽훈」에 이르기를,

관직을 맡아 지켜야 할 법이 오직 세 가지가 있으니, 청렴과 신중하고 근면함이다. 이 세 가지를 알면 몸 가질 바를 알 것이니라.

참고 동몽훈(童蒙訓) : 송(宋)나라 때 여본중(呂本中)이 아이들을 가르치기 위해 지은 책. 당관(當官) : 벼슬살이하는 것. 삼사(三事) : 지키고 행해야 할 세 가지 일. 소이(所以) : 바탕. 지신(持身) : 몸가짐. 혹은 신분을 유지함.

설명 모든 것이 마음가짐의 문제다. 관리로 임하면서 가져야 할 기본적 자세를 설명한 말이다. 관리가 되어 나랏일을 다스리려면 청렴결백해야 한다. 그리고 처신에 있어서나 공무 처리에 있어서나 신중해야 한다. 아울러 항상 근면하고 성실하게 직책을 수행해야 한다. 그렇게 하면 관리로서의 도리도 다하고 또 신분도 오래 보장될 수 있을 것이다.

蒙 어릴 몽, 訓 가르칠 훈, 法 법 법, 唯 오직 유, 愼 삼갈 신, 勤 부지런할 근, 持 가질 지.

治政篇 4

當官者는 **必以暴怒爲戒**하여 **事有不可**어든 **當**
당관자 필이폭노위계 사유불가 당

詳處之면 **必無不中**이어니와 **若先暴怒**면 **只能自**
상처지 필무부중 약선폭노 지능자

害라 **豈能害人**이리오.
해 기능해인

관직을 맡은 자는 반드시 지나치게(갑자기) 성내는 것을 경계하여, 옳지 않은 일이라 여겨지는 일이 있더라도 마땅히 자상하게 처리하면, 반드시 맞지 않음이 없을 거니와 만약 지나치게 먼저 화를 내면 다만 자신을 해롭게 할 뿐이라, 어찌 남을 해칠 수 있으리오.

참고 당관자(當官者) : 관직을 맡은 사람. 관리. 위계(爲戒) : 경계함. 사유불가(事有不可) : 일이 혹 잘못되었더라도. 필무부중(必無不中) : 반드시 맞지 않음이 없다. 자해(自害) : 자신을 다치고 자기에게 해가 됨. 기능해인(豈能害人) : 어찌 (화를 냄으로써) 남을 해칠 수가 있으랴.

설명 노여움이 일면 자연 이성을 잃게 마련이다. 이성을 잃으면 사리 판단이 흐려지니 오히려 자신의 처신에 해가 된다.

관리는 감정을 억제하고 냉철히 일을 처리해야 한다. 함부로 화를 내면 자신의 인격에 손상을 준다.

백성이 생산하는 재물을 녹봉으로 받는 관리들은 항상 백성에게 감사하며 바르게 봉사해야 한다.

暴 사나울 폭, 怒 성낼 노, 詳 자세할 상, 處 처리할 처, 豈 어찌 기.

治政篇 5

事君을 如事親하고 事官長을 如事兄하고 如同僚를 如家人하고 待群吏를 如奴僕하고 愛百姓을 如妻子하고 處官事를 如家事然後에야 能盡吾之心이니 如有毫末不至면 皆吾心에 有所未盡也니라.

(사군 여사친 사관장 여사형 여동료 여가인 대군리 여노복 애백성 여처자 처관사 여가사연후 능진오지심 여유호말부지 개오심 유소미진야)

임금 섬기기를 어버이 섬기듯이 하고, 윗 관리(長官, 높은 벼슬아치) 받들기를 형님 모시듯이 하고, 동료(同僚)들과 사귀기를 가족끼리 지내듯이 하고, 여러 아전을 대하기를 자기집 노복(奴僕)과 같이하고, 백성 사랑하기를 처자(妻子)를 사랑하듯 하고, 관청 일 처리하기를 자기집 일을 처리하듯 한 뒤에야 능히 내 마음을 다한 것이니, 만일 털끝만큼이라도 지극하지 못함이 있으면 이것은 모두가 내 마음에 다하지 못한 바가 있는 것이니라.

참고 사(事) : 섬기다. 여(如) : 함께 어울리다. 오지심(吾之心) : 자신의 정성(精誠)과 성심(誠心). 호말(毫末) : 털끝.

설명 이 글은 한마디로 말해서 국사(國事)를 내 집안의 일과 같이 생각하라는 것이다.

僚 동료 료, 群 무리 군, 僕 종 복, 盡 다할 진, 毫 가는 털 호.

治政篇 6

或이 問, 簿는 佐令者也니 簿所欲爲를 令或不
혹 문, 부 좌령자야 부소욕위 영혹부

從이면 奈何이오 伊川先生이 曰, 當以誠意動之
종 내하 이천선생 왈, 당이성의동지

니라 今令與簿不和는 便是爭私意요 令은 是邑
금령여부불화 변시쟁사의 영 시읍

之長이니 若能以事父兄之道로 事之하여 過則
지장 약능이사부형지도 사지 과즉

歸己하고 善則唯恐不歸於令하여 積此誠意면
귀기 선즉유공불귀어령 적차성의

豈有不動得人이리오.
기유부동득인

어떤 사람이 물었다.

"주부(簿)는 수령(현령)을 보좌하는 직책인데, 주부가 하고자 하는 바를 수령이 혹시 따르지 않는다면 어찌합니까?"

이천 선생(伊川先生)이 대답하였다.

"마땅히 정성된 마음으로써 움직여야 할 것이니라. 이제 수령과 주부가 화목하지 않은 것은 곧 사사로운 생각으로 다투는 것이다. 수령은 고을의 장관이니, 만약 부형을 섬기는 도리로 섬겨서 잘못이 있으면 자기에게로 돌리고, 잘한 것은 행여 수령에게로 돌아가지 않을까, 두려워하여 걱정하는 그런 정성스러운 마음을 쌓는다면, 어찌 사람을 (서로를) 감동을 줘 움직이지 못함이 있겠는가?"

참고 이천 선생(伊川先生) : 이름은 정이(程頤), 명도(明道) 정호(程顥)의 아우이며 북송(北宋)의 유학자. 성리학(性理學)을 일으키는 데 공이 컸다.
부(簿) : 주부(主簿). 관청의 장(長)을 보좌하는 직위(職位). 영(令) : 수령(守令)을 말하니 곧 고을의 장관임. 현령. 사지(事之) : '부형을 섬기는 도리로서' 수령을 섬기다.

설명 관청에 있어서 상급 관계의 화목을 말한 것이다. 상급자와 하급자는 서로 화목하고 화합해서 공무를 수행해야 한다. 항상 바른 도리에 기준을 두고 서로 정성을 다해야 한다.

簿 장부(주부) 부, 佐 도울 좌, 奈 어찌 내, 積 쌓을 적, 誠 정성 성.

治政篇 7

劉安禮問 臨民한대 **明道先生**이 **曰 使民**으로 **各得輸其情**이니라 **問御吏**한대 **曰正己以格物**이니라.
유안례문 임민 명도선생 왈, 사민 각 득수기정 문어리 왈정기이격물

유안례가, 백성을 대하는 도리를 묻자, 명도 선생이 말하였다. "백성으로 하여금 각자의 뜻을 펴게 할지니라."

또 관리를 거느리는 도리를 묻자, "자신을 바르게 함으로써 남도 바르게 할지니라." 하였다.

참고 유안례(劉安禮) : 자는 원소(元素), 북송(北宋) 때 사람. 수기정(輸其情) : 그 뜻을 관청에 전달하는 것. 어리(御吏) : 아전을 통솔하는 것. 정기(正己) : 자신을 바르게 함.

설명 백성들의 바른 뜻과 욕구를 적절히 충족시켜 주는 정치를 펴야 한다. 백성을 억압하고 착취하는 학정(虐政)을 펴면 안 된다.

지도자가 몸가짐을 바르게 하면 그 아래의 부하들이나 그가 다스리는 일들도 바르게 될 것이다.

臨 임할 림, 輸 나를 수, 情 뜻 정, 御 어거할 어, 格 이를 격, 物 사물 물.

治政篇 8

抱朴子에 **曰**,
포박자 왈

迎斧鉞而正諫하며 **據鼎鑊而盡言**이면 **此謂忠臣也**니라.
영부월이정간 거정확이진언 차위충신야

「포박자(抱朴子)」에 이르기를,

비록 도끼 형벌을 당하여 죽는 한이 있더라도 바르게 임금의 잘못을 간(諫)할 것이며, 기름 가마솥에 삶아 죽는 일이 있더라도 옳다고 생각하는 말을 다 한다면 이는 충신이라 할 것이니라.

참고 포박자(抱朴子) : 진(晉)나라 사람, 갈홍(葛洪)의 호(號)다. 신선술(神仙術)을 즐겨 닦았으며 나라 정치에도 참여했다. 그의 저서(著書)도 그의 호를 따서 「포박자」라고 이름 하였다. 내외(內外) 두 편으로 나누어져 내편에서는 신선술을, 외편에서는 시정(時政)의 득실(得失)과 인사(人事)의 선부(善否)를 논하였다.

설명 임금이 도에서 벗어나 잘못하면 충신은 생명을 걸고 바르게 간언을 올려야 한다. 윗사람의 잘못을 알면서 아부하거나, 겁을 내고 모른 척하면 국가와 백성들이 피해를 입는다. '천리지류행(天理之流行)'이란 곧 하늘의 도리가 천지에 퍼져 흐르고, 만물을 낳고 키우고 번성케 한다는 뜻이다.

그러므로 백성을 다스리는 관리들도 하늘의 도리를 따라 백성과 만물을 사랑하고 더욱 흥성케 해야 한다.

斧 도끼 부, 鉞 도끼 월, 鼎 솥 정, 鑊 가마 확.

치가편(治家篇)

집안 다스리기와 가정 윤리.

治家篇 1

司馬溫公이 曰, 凡諸卑幼는 事無大小이 毋得專行하고 必咨稟於家長이니라.

사마온공 왈, 범제비유 사무대소 무득 전행 필자품어가장

사마온공이 말하였다.

무릇 모든 낮은 이와 어린이는 일의 크고 작음을 가릴 것 없이 제 마음대로 행동하지 말고, 반드시 집안 어른께 여쭈어 보아서 해야 하느니라.

참고 치가(治家) : 집안을 다스리다. 제(諸) : 모든. 여러. 비유(卑幼) : 지위가 낮고 어린 사람. 무득(毋得) : 하면 안 된다. 자품(咨稟) : 윗사람에게 알리고 물어 보다.

설명 가정은 사회의 기본 단위가 되는 하나의 공동체이다. 그 공동체의 중심적 존재가 가장(家長)이다.

가족의 모든 성원이 가장을 중심으로 통일된 행동을 취해야 가족이 단합되고 가정 전체가 번성하며 발전한다.

卑 낮을 비, 毋 말 무, 專 오로지 전, 咨 물을 자, 稟 줄 품.

治家篇 2

待客에 **不得不豊**이요 **治家**엔 **不得不儉**이니라.
대 객 부 득 불 풍 치 가 부 득 불 검

손님을 대접함에는 풍성하게 하지 않을 수 없고, 집안 살림을 다스림에는 검소하게 하지 않을 수 없느니라.

참고 부득불(不得不) : ~해야 한다. 치가(治家) : 집안 살림을 다스리다.

설명 남에게는 후하게 대하고 나에게는 검소하게 하겠다는 기본자세가 필요하다. 여기서 풍성이라 함은 꼭 물질적 풍부라기보다 인정의 풍부함이다.

내가 있는 대로 인정이 넘치는 대접을 하면 상대방의 마음이 움직인다. 검소한 몸가짐은 남에게 덕스럽게 보인다.

필요 이상의 겉치장은 오히려 혐오감을 줄 뿐이다.

待 대접할 대, 客 손 객, 豊 풍성 풍, 治 다스릴 치, 儉 검소할 검.

治家篇 3

太公이 **曰**,
태 공 왈

癡人은 **畏婦**하고 **賢女**는 **敬夫**니라.
치 인 외 부 현 녀 경 부

태공이 말하였다.

어리석은 사람은 아내를 두려워하고, 어진 여인은 남편을 공경하느니라.

설명 부부가 서로 사랑하고 공경해야 가정이 화락(和樂)하고 자녀를 잘 양육할 수 있다. 그러기 위해서는 남편과 아내가 저마다 부부의 도리와 본분을 잘 지키고 성실하게 해야 한다.

癡 어리석을 치, 畏 두려워할 외, 賢 어질 현, 敬 공경할 경.

治家篇 4

凡使奴僕에 先念飢寒이니라.
범 사 노 복 　 선 념 기 한

무릇 모든 하인을 부리려거든 먼저 그들의 춥고 배고픔을 염려할지니라.

설명 종이나 노비도 같은 사람이다. 인간애(人間愛)를 가지고 그들을 대해야 한다. 그들로부터 도움을 받는다는 생각으로 그들을 따뜻하게 대하고 흡족하게 보수를 주어야 한다.

오늘날에는 하인이라는 제도나 개념이 있을 수 없지만 노동을 제공하고 그 대가를 지불함에 있어서 최소한의 의식(衣食)에 대한 두려움이 없이 보장해 주는 것이 당연한 것이요, 물질적으로 충족시켜 주기보다는 마음으로 이해하는 것이 더 절실하다.

凡 무릇 범, 奴 종 노, 僕 종 복, 飢 주릴 기.

治家篇 5

子孝면 雙親樂이요 家和면 萬事成이니라.
자효 쌍친락 가화 만사성

자식이 효도하면 두 어버이가 즐겁고, 집안이 화목하면 온갖 일이 잘 이루어지느니라.

참고 가화(家和) : 집안이 화목함. 가족이 서로 사랑하고 협동함.

설명 효는 온갖 행위의 기본이 된다. 자식의 효도에서 부모가 즐겁다면 그 집안은 절로 화목해지고, 온갖 일이 절로 잘 이루어진다.

孝 효도 효, 雙 쌍 쌍, 親 친할 친.

治家篇 6

時時防火發하고 夜夜備賊來니라.
시시방화발 야야비적래

항상 불이 나는 것을 막고, 밤마다 도적이 드는 것을 방비할지니라.

참고 시시(時時) : 언제나. 항상. 야야(夜夜) : 밤마다.

설명 불행이 닥쳐올 소지를 미리 예방하라는 뜻이다. 불조심이란 아무리 강조해도 지나칠 것이 없고, 문단속은 후환을 미리 막는 것이다.

防 막을 방, 發 발생할 발, 備 갖출 비, 賊 도둑 적.

治家篇 7

景行錄에 云, 觀朝夕之早晏하여 可以卜人家之興替니라.
경행록 운, 관조석지조안 가이복인가지흥체

「경행록」에 이르기를,
아침과 저녁의 이르고 늦음을 보아 그 사람의 집이 흥하고 쇠할 것을 점칠 수가 있느니라.

참고 조안(早晏) : 이르거나 늦거나. 흥체(興替) : 홍할 것. 혹은 쇠퇴할 것.

설명 집안의 흥성과 쇠진이 결국 부지런함과 게으름에 있다는 것을 말하고 있다.
온 집안 식구가 아침 일찍 일어나 밤늦게까지 부지런히 일하고 근검절약하면 그 집안은 흥하고, 반대로 게으름 피우고 낭비하면 가세가 기울고 종국에는 망한다.

觀 볼 관, 晏 늦을 안, 卜 점 복, 興 일 흥, 替 쇠퇴할 체.

治家篇 8

文仲子이 曰, 婚娶而論財는 夷虜之道也니라.
문중자 왈, 혼취이론재 이로지도야

문중자가 말하였다.

혼인하고 장가드는 데 재물을 논하는 것은 오랑캐의 풍속이니라.

참고 문중자(文仲子) : 수(隋)나라 때 학사 왕도(王道)를 가리킨다. 자기의 건의(建議)가 조정에 받아들여지지 않자 은퇴하여 후진 양성에 힘을 기울였다. 이세민(李世民)을 도와 당(唐)나라를 일으켰는데 어진 재상으로 이름 높은 방현령(房玄齡), 두여회(杜如晦), 위징(魏徵) 등이 다 그의 문인이다. 저서로는 「중설(中說)」이 있다. 문중자(文仲子)란 그의 사후(死後) 문인들이 부른 호다.

설명 혼인은 한 가정을 이룸이요, 비로소 성인이 한 쌍으로 사회에 출발하는 첫걸음이다. 결혼은 신성하고 중대한 예식이다. 남녀간의 사랑과 인격을 앞세워야 한다. 재물의 다소(多小)를 결혼의 조건으로 삼는 것은 오랑캐들이 취하는 방식이다.

효(孝)의 뜻 속에는 '계지술사(繼志術事)'가 있다. 부모의 뜻과 이상을 계승하고 집안의 일을 더욱 발전시킴이다. 자식이 부모의 은공에 보답하고 또 가업(家業)을 계승 발전시켜 나가야 인류의 역사와 문화도 발전한다. 효는 허례허식이 아니다.

婚 혼인할 혼, 娶 장가들 취, 夷 오랑캐 이, 虜 오랑캐(사로잡을) 로.

안의편(安義篇)

가정, 삼친(三親)의 인애(仁愛).

安義篇 1

顔氏家訓에 曰,
안 씨 가 훈 왈

夫有人民而後에 有夫婦하고 有夫婦而後에 有父子하고 有父子而後에 有兄弟하니 一家之親은 此三者而已矣라. 自茲以往으로 至于九族이 皆本於三親焉이라 故로 於人倫에 爲重也니 不可不篤이니라.
부 유 인 민 이 후 유 부 부 유 부 부 이 후 유 부 자 유 부 자 이 후 유 형 제 일 가 지 친 차 삼 자 이 이 의 자 자 이 왕 지 우 구 족 개 본 어 삼 친 언 고 어 인 륜 위 중 야 불 가 부 독

「안씨가훈」에 이르기를,

대저 사람(백성)이 있고 난 후 부부가 있고, 부부가 있고 난 후 부자가 있고, 부자가 있고 난 후 형제가 있으니, 한 집안에서 가장 친함은 이 세 가지뿐이다. 여기에서 나아가 구족(九族)에 이르기까지 일가친척이 모두 이 삼친(三親, 부부, 부자, 형제)에 바탕을 둔다. 그러므로 삼친은 인륜에 있어서 가장 중요한 것이니, 서로 돈독히 하지 않으면 안 되느니라.

참고 안씨가훈(顔氏家訓) : 북제(北齊)의 안지추(顔之推)가 지었으며 두 권으로 되어 있다. 이이의(而已矣) : ~일 뿐이다. 구족(九族) : 고조(高祖)로부터 증조 · 조부 · 부(父) · 자기 · 아들 · 손자 · 증손(曾孫) · 현손(玄孫)까지의 직계친(直系親)을 중심으로 하여, 형제 · 종형제(從兄弟) · 재종형제(再從兄弟) · 삼종형제(三從兄弟)를 포함하는 동종친족(同宗親族)을 일컫는다. 그밖에 부족(夫族) 셋, 처족(妻族) 둘을 합쳐서 일컫는 말이기도 하다. 삼친(三親) : 부부와 부자, 형제를 합쳐서 하는 말. 불가불(不可不) : ~하지 않으면 안 된다.

설명 부부는 인륜의 처음이라 하였다. 부부가 있고 난 이후 한 가정의 시작이 있다. 그래서 오륜의 질서 가운데 가장 중심에 두었던 것이다.

동양의 윤리적 사고는 이렇듯 중심에서 밖으로 외연(外延)되어 나가는 것이다. 가장 가까운 곳에서 원만해지지 못하고서 밖에서 잘 이루어진다는 것은 생각하기 어려운 것이다.

일가라는 말은 구족지친(九族之親)을 말한다. 나로부터 고조까지 이르는 사이이다. 고조가 같으면 삼종(三從)이라 하여 8촌 형제가 된다.

自 ~로부터 자. 玆 이 자. 族 겨레 족. 倫 인륜 륜. 篤 도타울 독.

安義篇2

莊子曰 兄弟는 爲手足하고 夫婦는 爲衣服이니
장자왈, 형제 위수족 부부 위의복

衣服破時엔 更得新이어니와 手足斷處엔 難可續
의복파시 갱득신 수족단처 난가속

이니라.

장자가 말하였다.

형제는 수족(手足)과 같고 부부는 의복과 같으니, 의복이 떨어졌을 때는 다시 새 것으로 갈아입을 수도 있지만 수족이 끊어지면 잇기가 어려우니라.

참고 위수족(爲手足) : 손과 발과 같다. 파시(破時) : (옷이) 떨어진 때에는. 난가속(難可續) : 잇기 어렵다. 새로 달기 어렵다.

설명 형제는 남남이 아니다. 한 부모에서 태어난 같은 동기이다. 한 몸에 있는 손발처럼 가문의 흥성 발전을 위해 서로 사랑하고 협동해야 한다. 부부 사이를 옷에 비유하면 떨어지면 바꿀 수도 있다고 한 말은 야박하지만 사실을 지적한 말이다. 그러나 부부가 있고 난 다음에 부모와 자식도 있고 또 형제자매도 있다. 그러므로 부부도 한마음 한 몸이 되어야 한다. 그래야 사랑의 가정을 꾸밀 수 있다.

破 깨질 파, 更 다시 갱(바꿀 경), 斷 끊을 단, 處 장소 처, 續 이을 속.

安義篇 3

蘇東坡云
소 동 파 운,

富不親兮貧不疎는 此是人間大丈夫요 富則
부 불 친 혜 빈 불 소 　 차 시 인 간 대 장 부 　 부 즉

進兮貧則退는 此是人間眞小輩니라.
진 혜 빈 즉 퇴 　 차 시 인 간 진 소 배

소동파(蘇東坡)가 말하였다.

부유해도 친하지 않고 가난하다고 멀리(소원히) 하지 않는 것은 인간으로서의 대장부다운 일이요, 부유하면 찾아가고 가난하면 돌아보지 않는 것은 그야말로 인간으로서 소인배(小人輩)의 짓이니라.

참고 부불친(富不親) : 상대가 부자라도 유별나게 친한 척하거나 접근하지도 않는다. 빈불소(貧不疎) : 가난한 사람을 멸시하고 멀리하지도 않는다.

설명 내가 부자라도 남에게 교만하지 않고 내가 가난해도 남에게 비굴하지 않아야 참다운 사내대장부이다.

'가난하면서도 천도를 따라 즐겁게 살고, 부자이면서도 예절 지키기를 좋아해야 한다(子曰 貧而好樂 富而好禮).'「論語」

兮 어조사 혜, 貧 가난할 빈, 眞 참 진, 輩 무리 배.

준례편(遵禮篇)

하늘의 도리를 따르고 실천한다.

遵禮篇 1

子曰 居家有禮故로 長幼辨하고 閨門有禮故로
자 왈, 거 가 유 례 고 장 유 변 규 문 유 례 고

三族和하고 朝廷有禮故로 官爵序하고 田獵有
삼 족 화 조 정 유 례 고 관 작 서 전 렵 유

禮故로 戎事閑하고 軍旅有禮故로 武功成이니라.
례 고 융 사 한 군 려 유 례 고 무 공 성

공자께서 말씀하셨다.

집안에 거처함에 예가 있으므로 어른과 아이가 분별되고, 안방에 예가 있으므로 삼족(三族)이 화목하고, 조정에 예가 있으므로 관작의 차례가 있고, 사냥에 예가 있으므로 군사 훈련이 숙달되고, 군대에 예가 있으므로 무공이 이루어지느니라.

참고 준례(遵禮) : 예를 따르다. 규문(閨門) : 부녀자가 거처하는 안방. 삼족(三族) : 여기서는 자기 집안과 식구(부모, 자기, 자녀)를 일컫는다. 관작(官爵) : 관직과 작위(爵位). 관직상의 위계와 질서. 전렵(田獵) : 사냥하는 것. 융사(戎事) : 병사(兵事). 과거에는 사냥이 군사 훈련의 한 방법이었음. 군려(軍旅) : 군대. 군대를 동원한 전쟁. 무공성(武功成) : 정의롭게 싸워 이기는 것이 무공이다.

설명 예(禮)란 저마다 하늘의 도리를 실천하고 과도한 짓을 억제함이다. 절(節)은 '절도 있게 행동하다'와 '물질이나 재물을 절약한다'는 뜻도 있다. 예절이 없으면 사람들이 저마다 동물적 본능이나 끝없는 탐욕을 채우려고 할 것이며, 결국 서로 싸우고 처절한 쟁탈전을 벌이게 될 것이다. 전쟁도 대의명분을 가리는 정의의 전쟁을 해야 한다. 비굴하게 싸워 이기는 것은 무공으로 치지 않는다. 침략적 전쟁이나 적을 무자비하게 도륙하면 안 된다.

遵 좇을 준, 辨 분별할 변, 閨 안방 규, 爵 벼슬 작, 獵 사냥 렵, 戎 병기 융, 旅 군대 려.

遵禮篇 2

子曰 君子有勇 而無禮면 爲亂하고 小人有勇 而無禮면 爲盜니라.

자왈, 군자유용 이무례 위란 소인유용 이무례 위도

공자께서 말씀하셨다.

군자가 용맹만 있고 예가 없으면 난리를 일으키고, 소인이 용맹만 있고 예가 없으면 도적질을 하느니라.

참고 군자(君子) : 학문과 인덕(仁德)을 겸비한 선비, 엘리트. 난(亂) : 난을 일으키다. 사회나 국가의 질서를 어지럽히다. 소인(小人) : 자기 한 몸만 잘 살려는 이기적인 물질주의자.

설명 군자(君子)는 지(知) · 인(仁) · 용(勇)의 세 가지 덕성을 다 갖추어야 한다. 지(知)는 학문이나 지식이다. 인(仁)은 인간애(人間愛) · 인류애(人類愛)이다. 용(勇)은 정의(正義)에 대한 과감한 실천력이다. 참다운 슬기와 사랑을 바탕으로 하고 실천하는 것이 참다운 용기이다. 맹목적인 용맹이나 만용을 부리면 사회나 국가를 어지럽힐 뿐이다.

勇 날쌜 용, 爲 할 위, 亂 어지러울 란, 盜 훔칠 도.

遵禮篇 3

曾子曰 朝廷엔 莫如爵이요 鄕黨엔 莫如齒요 輔世長民엔 莫如德이니라.

증자왈, 조정 막여작 향당 막여치 보세장민 막여덕

증자(曾子)가 말하였다.

조정(정부)에서는 작위(벼슬)만한 것이 없고, 향당(마을)에서는 나이(年齒)만한 것이 없고, 세상을 유익하게 돕고 백성을 잘 다스리는 데는 덕(德)만한 것이 없느니라.

참고 증자(曾子) : 이름은 삼(參), 공자의 제자로서 효행이 높았음. 안자(顔子, 顔回)와 자사(子思, 孔子의 孫子 孔伋) 및 맹자와 더불어 사성(四聖)으로 일컬어짐. 향당(鄕黨) : 마을. 2천5백 호를 향, 5백 호를 당이라고 함. 치(齒) : 나이. 보세(輔世) : 세상을 돕는 것. 장민(長民) : 백성을 잘살게 하는 것. 곧 백성을 잘 되게 다스림. 덕(德) : 인덕(仁德). 어진 덕성.

설명 이 글의 원전은 「맹자」이다. '지극히 높은 것이 세 가지가 있다(達尊三)' 하여 이 세 가지를 들고 있다.

여기서는 정부[조정(朝廷)]이라 하였지만 어느 조직이나 한 조직이 있을 때는 그 질서가 직위에서 결정되는 것이고, 자기가 자라는 마을에서는 나이 많은 어른이 높은 분이다.

한 나라의 정승이라 하더라도 고향에 가면 고향 어른에게 예를 표함이 당연하다. 뭐니 뭐니 해도 덕 있는 이가 이 사회에서는 제일 높은 분이며 세상을 유익하게 하는 분이다.

廷 조정 정, 鄕 시골 향, 黨 무리 당, 齒 연치 치, 輔 도울 보.

遵禮篇 4

老少長幼는 **天分秩序**이니 **不可悖理 而傷道也**니라.
노소장유 천분질서 불가패리 이상도야

노인과 젊은이, 어른과 아이의 순차는 하늘이 나누어 놓은 질서이니, 이 이치를 어겨 도덕을 상하게 해서는 안 되느니라.

참고 패리(悖理) : 이치에 어긋나다. 상도(傷道) : 도리를 상하게 함.

설명 이 세상에 먼저 태어나고 혹은 나중에 태어나고 하는 것은 하늘이 정해준다.

사람이 임의로 바꿀 수 없다. 그러므로 할아버지－아버지－자기－아들－손자의 순차는 하늘이 정해준 절대적인 질서이다.

이것을 천륜(天倫)이라고 한다. 천륜을 어기면 천벌을 받는다. 주어진 질서 속에서 최선을 다하는 것이 곧 천도를 따름이다.

秩 차례 질, 序 차례 서, 悖 어그러질 패, 傷 상할 상.

遵禮篇 5

出門에 **如見大賓**하고 **入室**에 **如有人**이니라.
출문 여견대빈 입실 여유인

문 밖을 나설 때는 큰 손님을 뵙듯이 신중하게 하고, 방안에 들어올 때는 다른 사람이 있는 것처럼 조심해야 하느니라.

참고 출문(出門) : 자기 집 대문을 나서다. 밖에서는.
입실(入室) : 자기 집 방안에 들어오다.

설명 밖에서나 안에서나 몸가짐과 행동거지를 신중하게 해야 한다. 내가 남을 손님처럼 대하면 남도 나를 손님처럼 대할 것이다.

서로 조심하는 가운데 예의는 저절로 지켜질 것이다. 집에 들어가, 모든 정성을 다하여 조상을 모시는 제사가 있듯이 한다는 것은 아무리 집안이지만 몸가짐을 항상 조심한다는 뜻이다.

如 같을 여, 賓 손 빈, 室 집 실.

遵禮篇 6

若要人重我면 無過我重人이니라.
약 요 인 중 아 무 과 아 중 인

만약 남이 나를 소중히 여기기를 바란다면, 내가 남을 소중히 여기는 것보다 더함이 없느니라.

참고 인중아(人重我) : 남이 나를 높이다. 존중하다.
무과(無過) : 지나칠 것이 없다. 제일 좋다.

설명 누구나 남이 나를 소중히 여겨 주기를 바라지만, 나는 남을 어떻게 여기는가 하는 데는 생각이 미치지 못한다.

내가 남을 알아주면 그도 나를 알아줄 것이다. 인(仁)이란 내 할 일을 내가 충실히 하고[忠], 나의 마음을 미루어 남을 대하는 것[恕]이라 하였다.

若 만약 약, 要 구할 요, 重 무거울 중, 我 나 아, 過 지날 과.

遵禮篇 7

父不言子之德하며 子不談父之過니라.
부 불 언 자 지 덕 자 부 담 부 지 과

아비는 자식의 덕을 말하지 말며, 자식은 어버이의 허물을 말하지 말지니라.

참고 불언(不言) : 말하지 말라.

설명 제 자식 귀엽고 잘나 보이지 않는 사람은 없다. 자식 사랑은 팔불출에 속하고 아버지의 허물을 남에게 고하는 것은 불효이자 일종의 반역이다. 아버지와 자식은 천륜으로 맺어진 한 몸, 한 생명체이다.

자식은 아버지의 허물을 말해서도 안 되지만, 그것을 알아도 효도하기는 어렵다. 아버지가 잘못이 있으면 남모르게 간(諫)하여 그 허물을 고치게 하는 것이 효도다.

순(舜) 임금을 효자로 받드는 것은 고약하기로 유명한 아버지 고수(瞽叟)의 명령에 순종했다는 사실보다 그 고약한 아버지를 끝내 착한 사람으로 되돌아오게 한 데 있다.

德 덕 덕, 談 말할 담, 過 허물 과.

언어편(言語篇)

말을 신중히 하라는 가르침.

言語篇 1

劉會가 **曰, 言不中理**면 **不如不言**이니라.
유 회 왈, 언 부 중 리 불 여 불 언

유회가 말하였다.
말이 이치에 맞지 않으면 말을 하지 않느니만 못하니라.

참고 유회(劉會) : 미상(未祥). 중리(中理) : 도리나 이치에 맞다.
불여(不如) : 차라리 ~만 못하다.

설명 '말이 아니면 하지를 말고 길이 아니면 가지 말라'는 속담이 있다. 도리에 어긋난 말은 차라리 않는 편이 낫다.

中 맞을 중. 理 이치 리.

言語篇 2

一言不中이면 **千語無用**이니라.
일 언 부 중 천 어 무 용

한마디 말(단어)이라도 맞지 않으면, 천 마디의 긴 말이라도 쓸 데가 없느니라.

참고 천어무용(千語無用) : 천 마디 말을 해도 다 쓸모가 없다.

설명 단어 하나가 제구실을 못 하는 경우 전체의 문장이 의미가 없다. 언어에는 생명이 있다. 대수롭지 않게 하는 말이 그 사람의 정신을 나타내고 정신이 불안정할 때 생명의 위해를 가져온다. 많은 말보다는 정확한 한 마디가 필요하다.

言 말(언어) 언, 語 말씀(말, 이야기) 어.

言語篇 3

君平이 曰, 口舌者는 禍患之門이요 滅身之斧也니라.

군평 왈, 구설자 화환지문 멸신지부 야

엄군평(嚴君平)이 말하였다.

입과 혀는 재앙과 환란을 불러들이는 문이요, 자신(몸)을 망하게 하는 도끼이니라.

참고 엄군평(嚴君平) : 전한(前漢) 무제(武帝) 때 사람. 구설(口舌) : 입과 혀. 멸신(滅身) : 몸을 망하게 하다.

설명 '말 한마디로 천 냥 빚을 갚는다'는 말도 있다. 말을 바르게 하면 복을 부를 수도 있는 것이다. 그러나 말로 인한 시비가 더 많고 말하기가 어렵기 때문에 경계한 말임에 유의하여 항상 조심해야 할 것이다. 입을 잘못 놀리면 재앙을 초래하고 신세를 망치고 도끼(형벌)를 받을 수도 있다.

舌 혀 설, 禍 재화 화, 患 근심 환, 滅 멸망할 멸, 斧 도끼 부.

言語篇 4

利人之言은 煖如綿絮하고 傷人之語는 利如荊
이 인 지 언 　난 여 면 서 　상 인 지 어 　이 여 형

棘하여 一言利人에 重値千金이요 一語傷人에
극 　일 언 이 인 　중 치 천 금 　일 어 상 인

痛如刀割이니라.
통 여 도 할

사람을 이롭게 하는 말은 따뜻하기가 솜털과 같고, 사람을 해치는 말은 날카롭기가 가시와 같아서 한마디 말로 사람을 이롭게 함에 중하기가 천금의 값어치요, 한마디 말로 사람을 중상함에 아프기가 칼로 베는 것과 같으니라.

참고 일언이인(一言利人)이 일언반구(一言半句)로 되어 있는 것도 있다.
중치(重值) : 무게가 (천금의 값에) 해당한다.

설명 남을 포근하게 감싸고 이롭게 해주는 말이 있는가 하면 반대로 남을 아프게 하고 상처를 주는 말이 있다.

사랑에서 나오는 말은 솜같이 포근하고, 반대로 증오에서 나오는 말은 가시나 칼과 같이 남을 아프게 한다. 사랑하는 마음으로 말을 신중히 해야 한다.

煖 따뜻할 난, 綿 솜 면, 絮 솜 서, 傷 다칠(상처) 상, 利 날카로울(이로울) 리, 荊 가시나무 형, 棘 가시 극, 値. 값 치, 痛 아플 통, 割 벨 할.

言語篇 5

口是傷人斧요 言是割舌刀니
구 시 상 인 부 　언 시 할 설 도

閉口深藏舌이면 **安身處處牢**니라.
폐 구 심 장 설　　안 신 처 처 뢰

입은 바로 사람을 상하게 하는 도끼요,
말은 바로 혀를 베는 칼이니
입을 다물고 혀를 깊이 감추어 두면
몸을 편안히 함이 곳곳마다(어디서나) 견고하느니라.

참고 할설도(割舌刀) : 혀를 베는 칼. 심장설(深藏舌) : 혀를 깊이 감추는 것. 폐구(閉口) : 몸이 편하고 안전하다. 처처뢰(處處牢) : 어디에서나 신변이 튼튼하다. 뢰(牢) : 굳다. 단단하다. 견고하다. 우리.

설명 말이 화를 부른다는 교훈을 시의 형식을 빌려 쓴 것이다. 입을 잘못 열고 혀를 잘못 놀리면 형벌을 받는다. 입 다물고 말을 신중하게 하면 어디에서나 안전하다.

傷 상처 상, 斧 도끼 부, 藏 감출 장, 牢 우리(견고할) 뢰.

言語篇 6

逢人에 **且說三分話**하고 **未可全抛一片心**이니
봉 인　　차 설 삼 분 화　　미 가 전 포 일 편 심

不怕虎生三個口요 **只恐人情兩樣心**이니라.
불 파 호 생 삼 개 구　　지 공 인 정 양 양 심

사람을 만나거든 우선 삼분(三分 : 30%)의 말만 하고, 자기가 지니고 있는 일편단심(一片丹心)을 다 털어놓지 말지니, 호랑이가 세 번 입을 벌리는 것이 두렵지 않고, 다만 세상 사람의 두 마음이 두려우니라.

참고 봉인(逢人) : 사람을 만나다. 차설(且說) : 또 말을 하다. 혹은 잠깐 말하다. 전포(全抛) : 전부를 내던지다. 인정(人情) : 세상 사람의 마음.

설명 청산유수와 유창한 말에는 오히려 진심을 파악하기가 어렵다. 말은 진심을 가리는 위장이 되기 때문이다. 이렇듯 마음과 다른 말은 사람을 해칠 소지가 있다. 호랑이 입 하나라도 두려운 존재인데 입이 세 개라면 얼마나 두려우랴. 그렇지만 말과 속이 다른 두 마음보다는 덜 무섭다.

간악한 사람을 가까이하지 말고 속마음을 주면 안 된다.

逢 만날 봉, 抛 던질 포, 怕 두려워할 파, 虎 호랑이 호, 個 낱 개, 只 다만 지, 恐 두려워할 공, 樣 모양 양.

言語篇 7

酒逢知己千鍾少요 話不投機一句多니라.
주 봉 지 기 천 종 소 　 화 불 투 기 일 구 다

술은 나를 알아주는 친구를 만나면 천 잔을 마셔도 부족하지만, 말은 의기가 투합(投合)되지 않으면 한마디도 많으니라.

참고 지기(知己) : 자기를 알아주는 사람, 절친한 친구. 불투기(不投機) : 서로 의기가 투합하지 않음. 기(機)는 기미한 속마음의 뜻. 투(投) : 마음 따위가 서로 딱 맞음의 뜻. 일구다(一句多) : 한마디도 많다.

설명 속을 줄 수 없는 사람에게 한마디 말을 잘못하면 큰 봉변을 당할 수가 있다. 그러므로 말조심해야 한다. '선비는 자기를 알아주는 사람을 위해서 생명을 바치고, 여자는 자기를 사랑해 주는 사람을 위해서 몸치장을 한다(士爲知己者死 女爲說己者容).' 「史記」

酒 술 주, 逢 만날 봉, 鍾 종(술잔) 종, 投 합칠 투, 機 틀(기회) 기.

교우편(交友篇)

벗을 사귐에 대한 가르침.

交友篇 1

子曰
자 왈,

與善人居면 如入芝蘭之室하여 久而不聞其香
여선인거 여입지란지실 구이불문기향

이나 卽與之化矣요 與不善人居면 如入鮑魚之
즉여지화의 여불선인거 여입포어지

肆하여 久而不聞其臭나 亦與之化矣니 丹之所
사 구이불문기취 역여지화의 단지소

藏者는 赤하고 漆之所藏者는 黑이라 是以로 君子
장자 적 칠지소장자 흑 시이 군자

는 必愼其所與處者焉이니라.
필신기소여처자언

공자(孔子)께서 말씀하셨다.

선한 사람과 같이 살면 마치 향기로운 지초나 난초가 있는 방 안에 들어간 것과 같아서, 오래되면 그 향기를 맡을 수 없으나 곧 더불어 자기 자신도 향기와 동화될 것이요, 선하지 못한 사람과 같이 살면, 비린내 나는 생선가게에 들어간 것 같아서, 오래되면 그 냄새를 맡을 수 없으나 또한 더불어 자기 자신도 냄새와 동화되나니, 붉은 주사(朱砂)를 지니고 있는 자는 붉어지고, 검은 옻을 지니고 있는 자는 검어지니라. 그러므로 군자는 반드시 자기와 함께 있을 사람을 신중히 가려야 하느니라.

참고 지란지실(芝蘭之室) : 향기로운 지초와 난초가 있는 방. 불문(不聞) : 직접 코에 대고 그 냄새를 맡지 않아도. 여지화(與之化) : 그것으로 더불어 동화(同化)되다. 포어(鮑魚) : 절인 생선. 사(肆) : 가게.

설명 좋은 친구는 향기 나는 풀인 지초와 난초에, 나쁜 친구는 비린내 나는 생선가게에 비유하였다. 친구의 영향은 모르는 사이에 자신에게 변화를 가져옴을 강조하였다.

'근묵자흑(近墨者黑)'이라는 말이 있다. 먹을 가까이하면 나도 모르게 검은 물이 드는 것이다. 이는 나쁜 친구의 영향을 풍자한 말이다.

與 함께 여, 居 살 거, 芝 지초 지, 蘭 난초 란, 久 오랠 구, 鮑 어물 포, 肆 가게 사, 臭 냄새 취, 丹 붉을 단, 藏 간직할 장, 黑 검을 흑, 愼 삼갈(신중할) 신.

交友篇 2

家語(가어)에 云(운)하였으되,

與好學人同行(여호학인동행)이면 如霧露中行(여무로중행)하여 雖不濕衣(수불습의)라도 時時有潤(시시유윤)하고 與無識人同行(여무식인동행)이면 如厠中坐(여측중좌)하여 雖不汚衣(수불오의)라도 時時聞臭(시시문취)니라.

「공자가어」에 이르기를,

학문을 좋아하는 사람과 같이 가면, 마치 안개 속을 가는 것과 같아서 비록 옷은 젖지 않더라도 점차 윤택함이 배어들고, 무식한 사람과 함께 가면 마치 뒷간에 앉은 것 같아서 비록 옷은 더럽히지 않더라도 점차 그 냄새가 풍겨지느니라.

참고 호학인(好學人) : 글을 잘하는 사람. 시시(時時) : 때때로, 점차로. 유윤(有潤) : 윤택하게 된다. 오의(汚衣) : 옷을 더럽히다.

설명 글 잘하는 사람과 함께 있으면 좋은 영향을 받고, 반대로 무식한 사람들과 어울리면 자기도 모르게 악화(惡化)된다.

霧 안개 무, 露 이슬 로, 濕 젖을 습, 潤 젖을(윤택할) 윤, 識 알 식, 厠 뒷간 측, 汚 더러울 오, 臭 냄새 취.

交友篇 3

子曰,
자 왈

晏平仲은 善與人交로다 久而敬之온여.
안평중 선여인교 구이경지

공자께서 말씀하셨다.

안평중은 사람들과 사귀기를 잘하도다. 오래도록 (상대를) 공경하는구나.

참고 안평중(晏平仲) : 이름은 영(嬰), 춘추시대 제나라의 재상, 경공(景公)을 도와 제나라의 번영을 가져왔음. 평중(平仲)은 그의 자(字)임. 구이경지(久而敬之) : 오래도록 그 사람을 존경하다.

설명 친구를 항상 존경의 대상으로 생각하여 사귄다면 소원할 리가 없다. 친구가 가까운 사이라 해서 예에 벗어나는 언행을 하면 오랜 사귐을 가질 수가 없다.

인연을 소중히 하여 서로 존경하고 협조해야 한다.

交 사귈 교, 敬 공경할 경.

交友篇 4

相識(상식)이 滿天下(만천하)하되 知心(지심)이 能幾人(능기인)가.

서로 알고 지내는 사람이 천하에 가득하되, 마음을 서로 아는 이가 몇 사람이나 되는가?

참고 상식(相識) : 서로 알고 지내다. 지심(知心) : 마음 속을 알다.
기인(幾人) : 몇 사람이나 되는가?

설명 친구란 마음으로 사귀는 것이지, 외모로 사귀는 것이 아니다. 지기지우(知己之友)란 서로 마음을 아는 친구를 말한다.

相 서로 상, 識 알 식, 滿 찰 만, 能 능히 능, 幾 얼마 기.

交友篇 5

酒食兄弟(주식형제)는 千個有(천개유)로되 急難之朋(급난지붕)은 一個無(일개무)니라.

술이나 음식을 먹을 때에는 형제간 같은 친구는 천 명이로되, 위급한 환란을 구해줄 친구는 한 사람도 없느니라.

설명 먹고 마실 때에는 형제처럼 어울리고 법석댄다. 그러나 위급하고 어려운 때에 도와줄 사람은 별로 없다.

酒 술 주, 食 밥 식, 急 급할 급, 難 어려울 난, 朋 벗 붕.

交友篇 6

不結子花는 休要種이요 無義之朋은 不可交니라.
불결자화 휴요종 무의지붕 불가교

열매를 맺지 않는 꽃은 심으려 하지 말고, 의리가 없는 친구는 사귀지 말지니라.

설명 술 마시고 놀기만 하는 벗은 필요 없다. 도의(道義)로써 맺어진 친구라야 가치가 높고 또 그 사귐도 참되고 오래 간다. '주식지우(酒食之友)'보다는 서로 학문과 인격을 높이는 '도의지우(道義之友)'를 사귀고 서로 신의를 지켜야 한다.

結 맺을 결, 子 열매(씨) 자, 種 심을 종, 義 옳을 의.

交友篇 7

君子之交는 淡如水하고 小人之交는 甘若醴니라.
군자지교 담여수 소인지교 감약례

군자의 사귐은 담담하기가 물과 같고, 소인의 사귐은 달콤하기가 단술과 같으니라.

설명 물은 담담하지만 변하지 않고, 단술은 달지만 곧 맛이 변해버린다. 친구의 사귐에 있어 담담히 오래 사귀는 것이 진실된 우정임을 강조한 말이다.

淡 담박할(담담할) 담, 如 같을 여, 甘 달 감, 醴 단술 례.

交友篇 8

路遙知馬力이요 日久見人心이니라.
노 요 지 마 력 일 구 견 인 심

길이 멀어야 말의 힘을 알게 될 것이요, 시간(날)이 오래 지나야 사람의 마음을 보느니라.

참고 노요(路遙) : 길을 멀리 가봐야. 지마력(知馬力) : 말의 힘이 강한지 약한지를 안다. 일구(日久) : 세월이 오래 되야.

설명 짧은 거리에서는 어느 말이나 잘 달리지만 먼 거리를 갔을 때에야 말의 진가를 알 수 있다. 그래서 천리마(天里馬)라 한다.
사람을 오래 사귀어도 변하지 않는 것이 진실한 마음이다. 그러므로 진정한 우정은 시간이 지난 뒤에야 안다.

路 길 로, 遙 멀 요, 久 오랠 구.

부행편(婦行篇)

부녀자가 지켜야 할 덕행(德行).

婦行篇 1

益智書에 云하였으되,
익지서　운

女有四德之譽하니 一曰婦德이요 二曰婦容이요
여유사덕지예　일왈부덕　이왈부용

三曰婦言이요 四曰婦工也니라.
삼왈부언　사왈부공야

「익지서(益智書)」에 이르기를,

여자에게 (훌륭한) 네 가지 덕(德)의 아름다움이 있으니, 첫째는 부덕, 즉 부인다운 덕행(德行)이요, 둘째는 부인다운 얌전한 얼굴 모습이요, 셋째는 부인다운 얌전한 말이요, 넷째는 부인다운 좋은 일솜씨이니라.

참고 부덕(婦德) : 부녀자의 아름다운 덕행. 부용(婦容) : 부녀자의 용모. 부언(婦言) : 부녀자의 말씨. 부공(婦工) : 부녀자의 일솜씨. 예를 들어 길쌈 또는 바느질 등.

설명 용모를 단정히 하고 말씨를 곱게 해야 한다. 특히 주부는 살림솜씨가 좋아야 한다. 안살림의 주체는 가정주부이다.

益 더할 익, 德 큰(덕행) 덕, 譽 기릴(명예) 예, 婦 여자(며느리) 부, 容 얼굴 용, 工 일(장인) 공.

婦行篇 2

婦德者는 **不必才名絶異**요
부덕자 불필재명절이

婦容者는 **不必顔色美麗**요
부용자 불필안색미려

婦言者는 **不必辯口利詞**요
부언자 불필변구이사

婦工者는 **不必技巧過人也**니라.
부공자 불필기교과인야

부인의 아름다운 덕〔婦德〕이라고 하는 것은 반드시 재주의 이름이 뛰어남을 말하는 것이 아니요, 부인의 얌전한 얼굴 모습〔婦容〕이란 반드시 얼굴이 아름답고 고운 것을 말하는 것이 아니요, 부인의 얌전한 말〔婦言〕이란 반드시 언변이 좋아 말을 잘하는 것이 아니요, 부인의 좋은 솜씨〔婦工〕란 반드시 손재주가 남보다 뛰어남을 말하는 것이 아니니라.

참고 불필(不必) : 반드시 ~함이 아니다. 재명(才名) : 재주와 명성. 절이(絶異) : 남다르게 뛰어나다. 안색(顔色) : 용모나 기색. 미려(美麗) : 아름답고 곱다. 변구(辯口) : 구변. 언변. 말솜씨. 이사(利詞) : 말을 잘함. 기교(技巧) : 손재주. 기술이나 솜씨. 과인(過人) : 남보다 뛰어남.

설명 '부덕·부용·부언·부공'은 다 외형적으로 혹은 인위적으로 가식하고 꾸미는 것이 아니고 깊은 정성에서 나와야 함을 말하고 있다. 부녀의 네 가지 덕목은 기술에 속하기보다는 성성에서 나오고, 또 부지런하게 실행할 수 있는 덕행을 말하는 것이다.

才 재주 재, 麗 고울 려, 辯 말잘할 변, 詞 말씀 사.

婦行篇 3

其婦德者는 淸貞廉節하여 守分整齊하고 行止
기부덕자 청정염절 수분정제 행지

有恥하며 動靜有法이니 此爲婦德也요
유치 동정유법 차위부덕야

婦容者는 洗浣塵垢하여 衣服鮮潔하며 沐浴及
부용자 세완진구 의복선결 목욕급

時하여 一身無穢니 此爲婦容也요
시 일신무예 차위부용야

婦言者는 擇師而說하여 不談非禮하고 時然後
부언자 택사이설 부담비례 시연후

言하여 人不厭其言이니 此爲婦言也요
언 인불염기언 차위부언야

婦工者는 專勤紡績하고 勿好暈酒하며 供具甘
부공자 전근방적 물호운주 공구감

旨하여 以奉賓客이니 此爲婦工也니라
지 이봉빈객 차위부공야

부인으로서의 아름다운 덕〔婦德〕이라 함은, 맑고 곧고 청렴하고 절개가 있어 분수를 지키고 몸가짐을 바르게 하며, 자기의 행동거지에 염치를(부끄러움을) 알고 동정(動靜)을 법도에 맞게 해야 하는 것이니, 이것이 바로 부덕(婦德)이다.

부인으로서의 얌전한 얼굴〔婦容〕이라 함은, 먼지와 때를 닦고 빨아 의복을 깨끗이 하며 목욕을 제때 해서 한 몸에 더러운 것이 없게 하는 것이니, 이것이 바로 부용(婦容)이다.

부인으로서의 얌전한 말〔婦言〕이라 함은, 말을 가려 예의에 벗어난 말은 하지 말고, 때가 된 뒤에야 말하여 사람들이 그 말을 싫어하지 아니함이니, 이것이 바로 부언(婦言)이다.

부인으로서의 좋은 솜씨〔婦工〕라 함은, 오로지 길쌈을 부지런히 하고 술 마시고 취하기를 좋아하지 않으며, 맛있는 음식을 장만하여 손님을 잘 접대하는 것이니, 이것이 바로 부공(婦工)이다.

此四德者는 **是婦人之所不可缺者**라 **爲之甚**
차 사 덕 자 　 시 부 인 지 소 불 가 결 자 　 위 지 심

易하고 **務之在正**하니 **依此而行**이면 **是爲婦節**이
이 　 무 지 재 정 　 의 차 이 행 　 시 위 부 절

니라.

이 네 가지 덕은 부녀자로서 하나도 빼놓을 수 없는 것이다. 행하기가 매우 쉽고 힘씀이 바른 데 있으니, 이에 의거하여 행한다면 이것이 부녀자의 범절이 되느니라.

참고 정(貞) : 절개 곧은 것으로 풀이됨. 염(廉) : 염치 있는 것. 절(節) : 절도 있는 것. 행지(行止) : 행동거지. 치(恥) : 부끄러움. 유법(有法) : 법도를 지키다. 세완(洗浣) : 옷을 빠는 것. 진구(塵垢) : 먼지와 때. 선결(鮮潔) : 산뜻하고 정결함. 무예(無穢) : 더러움이 없다. 택사이설(擇師而說) : 사는 스승이라는 뜻이니, 즉 남이 본받을 만한 말을 가려서 하는 것.
시연후언(時然後言) : 때가 된 뒤에 말하는 것, 즉 꼭 할 때가 되어야 말하는 것. 운주(暈酒) : 얼큰한 술, 또는 술에 얼큰하게 취함. 감지(甘旨) : 맛있는 음식. 무지(務之) : 애쓰다. 노력하다. 재정(在正) : 바르게 되도록.

설명 이상의 사부덕(四婦德)은 행하기 용이한 평범한 범절이다. 고전의 가르침의 깊은 뜻과 정신을 오늘의 생활에 활용하는 슬기가 있어야겠다.

고금동서(古今東西)를 막론하고 남자는 학덕(學德)을 겸비해야 하고 부녀자는 자애롭고 우아하고 정숙해야 한다.

貞 곧을 정, 廉 청렴할 렴, 節 마디 절, 整 가지런할 정, 齊 가지런할 제, 恥 부끄러워할 치, 靜 고요할 정, 浣 빨 완, 塵 티끌 진, 垢 때 구, 潔 깨끗할 결, 穢 더러울 예, 擇 가릴 택, 師 스승 사, 談 말씀 담, 禮 예도 례, 厭 싫을 염, 專 오로지 전, 勤 부지런할 근, 紡 자을 방, 績 길쌈 적, 暈 어지러울 운, 旨 맛있을 지, 奉 받들 봉, 賓 손 빈, 缺 빌 결, 甚 심할 심, 易 쉬울 이(바꿀 역), 務 힘쓸 무, 依 의지할 의.

婦行篇 4

太公이 **曰**,
태 공 왈

婦人之禮는 **語必細**니라.
부 인 지 례 어 필 세

태공이 말하였다.
부인의 예절은 말할 때는 반드시 조용하고 자상해야 하느니라.

설명 이는 부인의 예절 중에서 언어의 예절을 말한 것이며, 말씨가 조용하고 곱고 자상하여야 한다는 말이다.

語 말씀 어, 細 가늘(조용하다, 자세하다) 세.

婦行篇 5

賢婦는 令夫貴하고 佞婦는 令夫賤이니라.
현 부 영 부 귀 영 부 영 부 천

어진 부인은 남편을 귀(貴)하게 하고, 간악한 부인은 남편을 천하게 하느니라.

설명 현명한 아내는 남편을 존중하고 내조의 공을 세워서 자기 남편을 출세하게 만든다. 그러나 간악한 아내는 자기 남편을 무시하거나 멸시하고 스스로 천한 존재가 되게 한다.

부부는 서로 학식과 인격을 존중하고 사랑을 바탕으로 협동해야 한다. 동시에 각자의 소질과 재능을 발휘하여 사회 발전에 기여하도록 서로 도와야 한다.

賢 어질 현, 貴 귀할 귀, 佞 아첨할 영(녕), 賤 천할 천.

婦行篇 6

家有賢妻면 夫不遭橫禍니라.
가 유 현 처 부 부 조 횡 화

집에 어진 아내가 있으면 남편이 뜻밖의 재앙을 당하지 않느니라.

참고 횡화(橫禍) : 뜻하지 않은 재앙과 환난.

설명 가정주부는 가정을 잘 다스리고 가족들의 마음을 안락하게 해주어야 한다. 그러면 남편을 위시하여 모든 가족이 즐겁고 편해지며, 따라서 뜻밖의 화를 초래하지 않는다.

賢 어질 현, 妻 아내 처, 遭 만날 조, 橫 가로 횡, 禍 재화 화.

婦行篇 7

賢婦는 和六親하고 佞婦는 破六親이니라.

현 부 화 육 친 영 부 파 육 친

어진 부인은 부모 형제 처자 등 가까운 친척을 화목하게 하고, 간악한 부인은 가까운 친척의 화목을 깨뜨리느니라.

참고 육친(六親) : 부모(父母) · 형제(兄弟) · 처자(妻子)의 육친 관계. 또는 친척을 널리 지칭하는 말로도 쓰인다.

설명 주부는 한 가정의 주인이다. 한 가족의 화목은 주부의 역할에 달려 있다. 아내가 잘하면 일가친척이 더욱 화목하고, 잘하지 못하면 화목했던 사이도 파탄이 난다. 가정주부는 일가친척에게 실인심(失人心)하면 안 된다. 항상 사랑과 은혜를 베풀어야 한다.

남자는 남성으로서 지켜야 할 도리와 덕행이 있고, 부녀자는 여성으로서 지켜야 할 도리와 덕행이 있게 마련이다.

和 화할 화, 親 친할 친, 佞 간악할(아첨할) 영, 破 깨뜨릴 파.

증보편(增補篇)

增補篇 1

周易曰, 善不積이면 不足以成名이요 惡不積이면 不足以滅身이어늘 小人은 以小善으로 爲无益而弗爲也하고 以小惡으로 爲无傷而弗去也니라 故로 惡積而不可掩이요 罪大而不可解니라.

주역왈, 선부적 부족이성명 악부적 부족이멸신 소인 이소선 위무익이불위야 이소악 위무상이불거야 고 악적이불가엄 죄대이불가해

「주역」에 이르기를,

선(善)을 쌓지 않으면 족히 이름을 이룰 수 없고, 악(惡)을 쌓지 않으면 족히 몸을 망치지 않거늘, 소인은 작은 선으로는 유익함이 없다고 하여 선을 행하지 않고, 작은 악으로는 몸을 다치지 않는디고 하여 악을 버리지 않느니라. 그러므로 악이 쌓여서 가리우지 못하고, 죄가 커져서 풀지 못하느니라.

참고 멸신(滅身) : 몸을 망치다. 이소선(以小善) : 작은 선으로서는. 작은 선을 행해도. 위무익(爲无益) : 이익될 게 없다하고. 불위(弗爲) : 작은 선을 행하지 않는다. 위무상(爲无傷) : (작은 악을 행해도) 몸을 해치지 않는다고 생각하고, 불거(弗去) : 작은 악을 멀리하지 않고 (행하다).
해(解) : (죄를) 풀다. (죄에서) 벗어나다.

설명 적진성산(積塵成山)이라고도 한다. 흙먼지가 쌓여 산이 된다는 뜻이다. 또 적수성해(積水成海)라고도 한다. 이 말들은 모두 작은 것이 모여서 큰 것이 된다는 뜻이다. 선을 한 번 행하고 이득이 안 된다고 선행을 중단해서는 안 된다. 반대로 악행을 해도 당장에 패가망신하지 않고 벌받지 않는다고 계속 악을 행해서도 안 된다.

積 쌓을 적, 无 없을 무, 弗 아닐 불, 掩 가릴 엄.

增補篇 2

履霜(이상)하면 堅氷至(견빙지)하나니 臣弑其君(신시기군)하며 子弑其父(자시기부)는 非一朝一夕之事(비일조일석지사)라 其所由來者漸矣(기소유래자점의)니라.

서리를 밟으면 단단한 얼음이 (얼 때가) 이르나니, 신하가 그 임금을 시해하며 자식이 그 부모를 시해하려는 것은 하루아침이나 하룻저녁에 이루어지는 것이 아니라, 그 소유래(所由來)가 점점 이루어진 것이니라.

참고 이상(履霜) : 서리를 밟게 되면. 견빙지(堅氷至) : (그 다음에는) 굳은 얼음이 된다. 소유래(所由來) : 어떤 사건의 원인(유래)이 되는 것을 뜻한다.

설명 가을에 서리가 내리고 다시 추워지면 굳게 얼음이 얼게 된다. 극악무도한 범죄도 하루아침에 까닭 없이 돌발하는 것이 아니다. 작은 악덕(惡德)이 쌓여서 큰 죄악으로 자라난다.

履 밟을 리, 霜 서리 상, 堅 굳을 견, 氷 얼음 빙, 弑 죽일 시, 漸 점점 점.

팔반가(八反歌) - 桂宮錄

(여덟 편의 반어적인 노래)
자녀 사랑하는 마음으로 효도하라.

八反歌 1

幼兒는 或詈我하면 我心에 覺懽喜하고
유아 혹이아 아심 각환희

父母는 嗔怒我하면 我心에 反不甘이라
부모 진노아 아심 반불감

一喜懽一不甘하니 待兒待父心何懸고
일희환일불감 대아대부심하현

勸君今日逢親怒어든 也應將親作兒看하라.
권군금일봉친노 야응장친작아간

어린 자식이 혹시 나를 보고 욕하면 (꾸짖으면)
(부모된) 내 마음에 기쁨을 깨닫고,
부모는 나를 노여워 꾸짖고 성내면
내 마음에 오히려 달갑지 않게 여기니라.
한쪽에선 기쁘고 한쪽에선 달갑지 않으니,
아이를 대하고 어버이를 대하는 마음이
어찌 이다지도 현격한가(다른가).
그대에게 권하노니, 이제 어버이의 노여워함을 보이시면 마땅히 어버이를 어린 자식 꾸짖음에 기쁘듯이 돌이켜 보라.

詈 꾸짖을 리, 懽 기쁠 환, 嗔 성낼 진, 懸 현격할(멀) 현, 勸 권할 권.

八反歌 2

兒曹는 出千言하되 君聽常不厭하고 父母는 一
아 조　출 천 언　군 청 상 불 염　부 모　일

開口하면 便道多閑管이라 非閑管親掛牽이니 皓
개 구　변 도 다 한 관　비 한 관 친 괘 견　호

首白頭에 多諳練이라 勸君敬奉老人言하고 莫
수 백 두　다 암 련　권 군 경 봉 노 인 언　막

教乳口爭長短하라.
교 유 구 쟁 장 단

어린아이들은 천 마디 말을 떠들어대되 그대 듣고는 항상 싫지 않고, 부모가 한 번 입만 열어도 쓸데없이 참견이 많다고 말하느니라. 쓸데없이 일에 간여하는 것이 아니라 친히 마음에 걸리고 끌려서이니, 머리 희어지도록 늙음에서 아는 것이 많으니라. 그대에게 권하노니, 노인 말씀 공손히 받들고 젖내 나는 어린 입으로 시비를 따지지 말도록 하라.

참고 아조(兒曹) : 조는 무리의 뜻으로, 여기서는 어린 자식들. 군청상불염(君聽常不厭) : 부모된 그대는 자식의 말을 듣고도 항상 싫지 않다. 도(道) : 여기서는 말한다로 풀이됨. 한관(閑管) : 부질없이 남의 일을 간섭하는 것. 괘견(掛牽) : 걱정하는 것. 암련(諳練) : 숙달되어 깨달아 잘 알고 있다. 경봉(敬奉) : 공경하고 받들다. 유구(乳口) : 젖내 나는 입. 자식의 입.

聽 들을 청, 管 간섭할 관, 牽 끌 견, 皓 흴 호, 諳 욀 암, 練 익힐 련.

八反歌 3

幼兒尿糞穢는 君心에 無厭忌로되
유 아 뇨 분 예 군 심 무 염 기

老親涕唾零에는 反有憎嫌意니라
노 친 체 타 령 반 유 증 혐 의

六尺軀來何處오
육 척 구 래 하 처

父精母血成汝體니라
부 정 모 혈 성 여 체

勸君敬待老來人하라
권 군 경 대 노 래 인

壯時爲爾筋骨敝니라
장 시 위 이 근 골 폐

어린아이의 똥, 오줌 같은 더러움은 그대 싫어하는 마음 없으되, 늙은 어버이의 콧물, 눈물에는 도리어 미워하고 꺼리는 마음이 있느니라.

여섯 자의 그대 몸은 어디서 왔는고,
바로 아버지 정(精)과 어머님 피가 그대의 몸이 되었느니라.
그대에게 권하노니, 늙어가는 부모를 공경으로 대접하라.
젊어서 그대를 위해 살과 뼈가 닳도록 애쓰셨느니라.

참고 노분예(尿糞穢) : 오줌, 똥의 더러운 것. 군심(君心) : 그대의 마음.
부정(父精) : 아버지의 정기(精氣). 경대(敬待) : 공경해서 대접하는 것.
위이(爲爾) : 너를 위해서. 근골폐(筋骨敝) : 힘줄(살)과 뼈가 닳다.

尿 오줌 뇨, 糞 똥 분, 穢 더러울 예, 忌 꺼릴 기, 涕 눈물 체, 唾 침 타,
零 떨어질 령, 嫌 싫어할 혐, 軀 몸 구, 筋 힘줄 근, 敝 해질 폐.

八反歌 4

看君晨入市하여 買餠又買餻하니
간 군 신 입 시 매 병 우 매 고

少聞供父母하고 多說供兒曹니라
소 문 공 부 모 다 설 공 아 조

親未啖兒先飽하니 子心이 不比親心好니라
친 미 담 아 선 포 자 심 불 비 친 심 호

勸君多出買餠錢하여 供養白頭光陰少하라.
권 군 다 출 매 병 전 공 양 백 두 광 음 소

그대가 새벽에 시장에 가서 밀가루떡을 사고 또 흰떡을 사는 것을 보니, 부모 봉양한다는 말은 듣기 어렵고, 아이들에게 준다고 많은 말을 하느니라.

어버이는 맛도 못 보았는데 아이들은 먼저 배부르니, 자식된 마음은 부모 마음이 좋아하는 것에 미치지 못하느니라.

그대에게 권하노니, 떡살 돈을 두둑이 내어 흰머리에 살날이 얼마 남지 않은 어버이를 부지런히 공양하라.

참고 간군신입시(看君晨入市) : 그대가 아침에 시장에 가서. 매병우매고(買餠又買餻) : 여러 가지 떡을 사는 것을 보았노라. 병(餠)도 떡, 고(餻)도 떡. 소문공부모(少聞供父母) : 그런데 (떡을) 부모에게 올린다는 말은 안 들리고. 다설공아조(多說供兒曹) : 아이들에게 준다는 말만 많이 하더라. 친미담(親未啖) : 부모는 씹어보지도 못함. 아선포(兒先飽) : 아이들이 먼저 포식하다. 자심(子心) : 자식으로서 효도하려는 마음. 친심(親心) : 자식을 사랑하는 마음. 매병전(買餠錢) : 떡을 살 돈.
백두광음소(白頭光陰少) : 머리가 희고 늙어 사실 날이 없는 (부모님).

晨 새벽 신, 餠 밀가루떡 병, 餻 떡 고, 啖 먹을 담, 飽 물릴 포.

八反歌 5

市間賣藥肆(시간매약사)에 惟有肥兒丸(유유비아환)하고 未有壯親者(미유장친자)하니 何故兩般看(하고양반간)고 兒亦病親亦病(아역병친역병)에 醫兒不比醫親症(의아불비의친증)이라 割股(할고)라도 還是親的肉(환시친적육)이니 勸君亟保雙親命(권군극보쌍친명)하라.

시장 안 약을 파는 가게에는 오직 아이 살찌는 환약만 있고, 어버이 튼튼히 하는 약은 없으니, 어찌 자식과 양친의 병간호를 다르게 하는고. 아이의 병, 어버이의 병 같건만 어버이 치료는 아이 치료에 비할 수 없느니라. 제 다리 살을 떼 내도 부모의 육신이니, 그대에게 권하노니, 빨리 부모의 목숨 극진히 보호하라.

참고 매약사(賣藥肆) : 약 파는 가게. 유유비아환(惟有肥兒丸) : 약국에 다만 아이를 살찌게 하는 알약만이 있다. 즉 자식을 위한 약만을 샀다는 뜻. 미유장친자(未有壯親者) : 부모를 튼튼하게 하는 보약은 없다. 즉 부모를 위한 보약은 안 샀다는 뜻. 하고(何故) : 어찌하여. 양반간(兩般看) : 양쪽을 다르게 보나, 차별하나. 불비(不比) : 비교가 안 된다. 의친증(醫親症) : 부모님의 병을 치료함. 할고(割股) : 다리의 살을 베는 것. 옛날에 어떤 사람은 아버지가 병이 났는데 사람의 살이 약이라는 말을 듣고 자기 다리의 살을 베어 달여 드렸다는 말이 있음. 친적육(親的肉) : 부모의 살. 극(亟) : 빨리. 당장에. 보(保) : 보전(保全)함. 쌍친명(雙親命) : 양친의 생명.

醫 의원 의, 症 증세 증, 割 나눌 할, 股 넓적다리 고, 亟 빠를 극.

八反歌 6

富貴엔 養親易하나 親常有未安하고
부 귀 양 친 이 친 상 유 미 안

貧賤엔 養兒難하나 兒不受饑寒이라
빈 천 양 아 난 아 불 수 기 한

一條心兩條路에 爲兒終不如爲父니라
일 조 심 양 조 로 위 아 종 불 여 위 부

勸君養親如養兒하여 凡事莫推家不富하라
권 군 양 친 여 양 아 범 사 막 추 가 불 부

부하고 귀함엔 어버이를 봉양하기 쉬우나 그래도 어버이는 항시 편안치 않은 마음이 있고, 가난하고 천함에는 어린아이 기르기 어려우나 어린아이는 춥고 배고픔을 받지 않느니라. 한 가지 마음 두 가지 길에 부모 위함이 끝내 어린아이 위함만 못하니라.

그대에게 권하노니, 어버이 섬기기를 자식 기르듯 하여 모든 일을 집이 부유하지 못한 가난 탓이라 미루지 말라.

참고 부귀양친이(富貴養親易) : 부귀를 누릴 때에 양친을 물질적으로 잘 봉양하기는 쉽다. 친상유미안(親常有未安) : 양친은 항상 정신적으로 편안하지 않다. 빈천양아난(貧賤養兒難) : 빈천하게 살면 아이들을 키우기 어렵다. 아불수기한(兒不受饑寒) : 아이들을 굶주리게 하고 추위에 떨게 하지 않는다. 일조심(一條心) : 한 가닥의 마음. 양조로(兩條路) : 두 갈래의 길. 막추(莫推) : 핑계 대지 마라.

饑 주릴 기, 條 가지 조, 凡 무릇 범, 莫 말 막, 推 미룰(옮을) 추.

八反歌 7

養親에는 只二人이로되 常與兄弟爭하고 養兒에는
양 친 지 이 인 상 여 형 제 쟁 양 아

雖十人이나 君皆獨自任이니라
수 십 인 군 개 독 자 임

兒飽煖親 常問하되 父母饑寒不在心이니라
아 포 난 친 상 문 부 모 기 한 부 재 심

勸君養親을 須竭力하라 當初衣食이 被君侵이라.
권 군 양 친 수 갈 력 당 초 의 식 피 군 침

어버이를 봉양함에는 다만 두 분이로되 항상 형제끼리 서로 미루어 다투고, 자식 기르기에는 수십 명이나 그대 혼자 스스로 감당하느니라.

아이(자식) 배부르고 따뜻함은 친히 항상 묻되, 부모의 배고프고 추위는 마음에 있지 않느니라.

그대에게 권하노니, 어버이 섬기기를 모름지기 힘을 다하라. 당초에는 의식(옷과 밥)마저 그대에게 빼앗겼느니라.

참고 지이인(只二人) : 오직 두 사람, 즉 아버지와 어머니를 말하는 것임. 독자임(獨自任) : 혼자서 맡는 것. 아포난(兒飽煖) : 자식들이 배불리 먹고 따뜻하게 옷을 입는지는. 부모기한(父母饑寒) : 부모가 굶주리고 추워하는지에 대해서는 부재심(不在心) : 마음에 두지 않음. 무관심하다. 갈력(竭力) : 힘을 다 씀. 피군침(被君侵) : 부모가 그대에게 침해를 당하다.

飽 물릴 포. 煖 따뜻할 난. 饑 주릴 기. 竭 다할 갈. 侵 침노할 침.

八反歌 8

親有十分慈하되 君不念其恩하고
친 유 십 분 자　　군 불 념 기 은

兒有一分孝하면 君就揚其名이니라
아 유 일 분 효　　군 취 양 기 명

待親暗待兒明하니 誰識高堂養子心고
대 친 암 대 아 명　　수 식 고 당 양 자 심

勸君漫信兒曹孝하라 兒曹樣子在君身이니라.
권 군 만 신 아 조 효　　아 조 양 자 재 군 신

어버이는 십 분의 지극한 사랑함이 있으되, 그대는 그 은혜를 생각지 않고, 자식은 조그만〔一分〕 효도함이 있으면, 그대는 나서서 그 이름을 자랑하느니라. 어버이를 대함은 어둡고 자식을 대함은 밝으니, 누가 어버이의 자식 기르는 마음을 알까?

그대에게 권하노니, 아이들의 효도를 크게 믿지 말라. 아이들의 본보기〔樣子〕가 그대 자신에게 있느니라.

참고 십분자(十分慈) : 충분히 넘치는 자애(慈愛)로써. 일분효(一分孝) : 자식놈이 어쩌다가 1푼의 효도를 하면. 아조양자(兒曹樣子) : 아이들의 본보기가 바로 자기 자신에게 있다.

설명 이는 부모 섬기기를 자식 사랑하는 마음으로 하라는 것이다. 효도는 처자에게 베푸는 사랑으로 이 같은 사랑을 부모에게도 베푸는 것이다. 자식에게 사랑이 갈 때, 부모가 나에게로 그렇게 하였을 것을 생각하여 바꾸어 생각해야 한다.

慈 사랑할 자, 恩 은혜 은, 揚 오를 양, 識 알 식, 漫 질펀할 만, 樣 본보기 양.

효행편 속(孝行篇 續)

부모님 섬기기에 정성을 다하라.

孝行篇續 1

孫順이 家貧하여 與其妻로 傭作人家以養母할새
손순 가빈 여기처 용작인가이양모

有兒每奪母食이라 順이 謂妻曰 兒奪母食하니
유아매탈모식 순 위처왈 아탈모식

兒는 可得이나 母難再求라 乃負兒 往歸醉山北
아 가득 모난재구 내부아 왕귀취산북

郊하여 欲埋掘地러니 忽有甚奇石鐘이라 驚怪試
교 욕매굴지 홀유심기석종 경괴시

撞之하니 舂容可愛라 妻曰 得此奇物은 殆兒之
당지 용용가애 처왈 득차기물 태아지

福이라 埋之不可라 하니 順이 以爲然하여 將兒與
복 매지불가 순 이위연 장아여

鐘還家하여 懸於樑撞之러니 王이 聞鐘聲淸遠
종환가 현어량당지 왕 문종성청원

異常하고 而覈聞其實하고 曰 昔에 郭巨埋子엔
이상 이핵문기실 왈 석 곽거매자

天賜金釜러니 今孫順埋子엔 地出石鐘하니 前
천사금부 금손순매자 지출석종 전

後符同이라 賜家一區하고 歲給米五十石하니라.
후부동 사가일구 세급미오십석

손순이 집이 가난하여 그의 아내와 함께 남의 집에 품을 팔아 어머니를 봉양하였는데, 어린 자식이 어머니 드릴 음식을 빼앗아 먹었다.

손순이 아내에게 말하였다.

"아이가 어머님 드실 음식을 먹는구려. 자식은 또 낳을 수 있으나 어머님은 다시 구하기 어렵소."

이에 아이를 등에 업고 귀취산 북쪽 교외로 가서 묻으려고 땅을 팠는데, 뜻밖에 아주 신기한 돌 종이 나왔다. 그들은 깜짝 놀라 이상히 여기고 시험 삼아 그 돌 종을 쳐보니, 그 소리가 멀리 퍼져 듣기 좋았다.

아내가 말하였다.

"이 같은 기이한 물건을 얻은 것은 모두가 다 자식의 복이니 그 애를 묻으면 안 됩니다."

손순도 그렇게 생각하고 아이와 함께 돌 종을 들고 집으로 돌아와 대들보에 매달고 종을 울렸다.

마침 왕이 그 종소리가 맑고 멀리 퍼져 이상함을 듣고는 그 사실을 자세히 조사하여 알고 말씀하셨다.

"옛적에 곽거(郭巨)가 아들을 묻었을 적에는 하늘이 금으로 만든 가마솥을 주시더니, 이제 손순이 아들을 묻으려 하자 땅에서 돌 종이 나왔으니 앞과 뒤가 다 일치하는구나."

그리고 집 한 채를 주고 해마다 쌀 50석(石)을 내려주니라.

참고 손순(孫順) : 신라 사람으로 경주 손씨의 시조. 효성이 지극하여 돌종[石鐘]을 얻었다. 그 돌 종이 신라 진흥왕(眞興王)의 3기(器)의 하나가 되었다. 용작(傭作) : 품팔이를 함. 머슴살이. 아탈모식(兒奪母食) : 어머님이 드실 밥을 자식 놈이 먹다. 욕매(欲埋) : 묻으려고. 용용가애(舂容可愛) : 쨍쨍 울리는 소리가 아름답다. 핵문기실(覈聞其實) : 조사해서 그 사실을 알다. 곽거(郭巨) : 중국 후한(後漢) 때의 사람으로 24효(孝)의 한 사람. 어머니 봉양을 위해 자식을 묻으려 하자 하늘이 그에게 금솥[金釜]을 내려주었다. 부동(符同) : 서로 일치하다. 세급(歲給) : 매년 주다.

설명 '지성이면 하늘도 감동한다[至誠感天].'는 말이 있다. 어머니를 봉양하기 위해 자식을 묻으려 한 것은 현대적 감성에 어울리지 않는다. 그러나 어머니를 자식보다 소중히 여긴다는 점을 강조한 것으로 이해하면 좋을 것이다.

傭 품팔이 용, 奪 빼앗을 탈, 醉 취할 취, 埋 묻을 매, 掘 팔 굴, 忽 홀연 홀, 怪 괴이할 괴, 撞 칠 당, 舂 종용할(절구) 용, 殆 자못 태, 將 받들 장, 懸 매달 현, 樑 들보 량, 覈 조사할 핵, 郭 성 곽, 賜 줄 사, 釜 가마솥 부, 符 들어맞을 부.

孝行篇 續 2

尙德(상덕)은 値年荒癘疫(치년황여역)하여 父母飢病瀕死(부모기병빈사)라 尙德(상덕)이 日夜不解衣(일야불해의)하고 盡誠安慰(진성안위)하되 無以爲養(무이위양)이면 則刲髀肉食之(즉규비육사지)하고 母發癰(모발옹)에 吮之卽癒(연지즉유)라 王(왕)이 嘉之(가지)하여 賜賚甚厚(사뢰심후)하고 命旌其門(명정기문)하고 立石紀事(입석기사)하니라.

상덕은 흉년과 열병이 유행하는 때를 만나 부모님이 굶주리고 병들어 거의 죽게 되자, 상덕이 밤낮으로 옷도 벗지 않고 정성을 다하여 편안히 위로하되, 봉양할 것이 없으면 자기의 넓적다리 살을 베어 올렸고, 어머니께서 종기가 나자, 입으로 빨아서 낫게 해드렸다.

왕이 이 소식을 듣고 어여삐 여겨 재물을 후하게 내리고, 그 마을에 정려문(旌閭門)을 세우라 명하고, 아울러 비석을 세워 그의 효행을 기록하게 하였다.

참고 상덕(尙德) : 신라 때의 효자. 치년황(値年荒) : 마침 (그해에) 흉년이 들다. 여역(癘疫) : 전염병이 퍼지다. 창질과 열병. 기병(飢病) : 굶주리고 병들다. 빈사(濱死) : 거의 죽게 됨. 불해의(不解衣) : 옷도 벗지 않고. 무이위양(無以爲養) : 공양해 올릴 것이 없으면, 비육(髀肉) : 넓적다리의 살. 발옹(發癰) : 종기가 나다. 연(吮) : 입으로 빨다. 사뢰(賜賚) : 임금이 은사를 내려줌. 정려문(旌閭門) : 충신 · 효자 · 열녀 등을 표창하기 위하여 그가 사는 마을에 세우는 붉은 문. 입석기사(立石紀事) : 비석을 세워 그 효행을 기록함.

설명 지극한 효성과 효행 정신을 현대인도 본받아야 한다. 넓적다리 살을 베어서 부모에게 공양(供養)했다는 옛 기록이 퍽 많다.

먹을 것이 풍족하고 의학이 발달한 오늘에는 상상도 할 수 없는 어려운 효행이라 하겠다.

자신을 희생해서 부모님의 병을 치유하겠다는 각오의 효성이 있어야 한다. 오늘의 우리들도 그들의 정신과 열성을 본받아야 한다.

値 만날 치, 荒 흉년들 황, 癘 창질 려, 疫 질병 역, 濱 물가 빈, 慰 위로할 위, 刲 저밀 규, 髀 다리 비, 食 먹일 사, 밥 식, 癰 종기 옹, 吮 빨 연, 癒 나을 유, 嘉 아름다울 가, 賚 줄 뢰, 旌 표할 정, 紀 기록할 기.

孝行篇續 3

都氏家貧(도씨가빈)이나 至孝(지효)라 賣炭買肉(매단매육)하여 無闕母饌(무궐모찬)이러라 一日(일일)은 於市(어시)에 晩而忙歸(만이망귀)러니 鳶忽攫肉(연홀확육)이어

늘 都悲號至家하니 鳶旣投肉於庭이러라 一日은
도 비 호 지 가 연 기 투 육 어 정 일 일

母病 索非時之紅柿어늘 都彷徨柿林하여 不覺
모 병 색 비 시 지 홍 시 도 방 황 시 림 불 각

日昏이러니 有虎屢遮前路하고 以示乘意라 都乘
일 혼 유 호 누 차 전 로 이 시 승 의 도 승

至百餘里山村하여 訪人家投宿이러니 俄而主人
지 백 여 리 산 촌 방 인 가 투 숙 아 이 주 인

이 饋祭飯而有紅柿라 都喜하여 問柿之來歷하고
궤 제 반 이 유 홍 시 도 희 문 시 지 내 력

且述己意한대 答曰 亡父嗜柿라 故로 每秋에 擇
차 술 기 의 답 왈 망 부 기 시 고 매 추 택

柿二百個하여 藏諸窟中하여 而至此五月이면 則
시 이 백 개 장 제 굴 중 이 지 차 오 월 즉

完者不過七八이라가 今得五十個完者라 故로
완 자 불 과 칠 팔 금 득 오 십 개 완 자 고

心異之러니 是天感君孝라 하고 遺以二十顆어늘
심 이 지 시 천 감 군 효 유 이 이 십 과

都謝出門外하니 虎尙俟伏이라 乘至家하니 曉鷄
도 사 출 문 외 호 상 사 복 승 지 가 효 계

喔喔이러라 後에 母以天命으로 終에 都有血淚러
악 악 후 모 이 천 명 종 도 유 혈 루

라.

도씨는 집안이 가난하였으나 효성이 지극하였다. 숯을 팔아서 고기를 사다가 어머님 반찬에 부족함이 없이 공양하였다.

하루는 시장에서 늦어 바삐 돌아오는데 솔개가 갑자기 고기를 채어가거늘 도씨가 슬피 울며 자기 집에 돌아와 보니, 솔개가 이미 고기를 집안 뜰에 던져 놓았더라.

하루는 어머니가 병이 나서 때아닌 홍시를 찾거늘, 도씨가 감나무 숲을 헤매다가 날이 저문 것도 모르고 있었는데, 그때 호랑이가 나타나 여러 번 앞길을 가로막고 올라타라는 뜻을 보였다.

도씨는 호랑이를 타고 백여 리나 떨어진 산 속 마을에 이르러 인가(人家)를 찾아 묵었는데, 그러자 얼마 안 되어 주인이 제삿밥을 차려주는데 상에 홍시가 있었다. 도씨는 심히 기뻐하며 홍시의 내력을 묻고 자기가 온 뜻을 말하였다.

그러자 주인이 대답하였다.

"돌아가신 저의 아버지께서 감을 즐기셨으므로 매년 가을이면 감 2백 개를 골라서 굴 속에 저장해 두었습니다. 그러나 제사를 지내는 5월까지 온전한 것은 고작 7, 8개에 불과했었습니다. 그런데 금년에는 온전한 것이 50개나 되어 마음속으로 이상하게 여겼습니다. 이것은 하늘이 그대의 효성에 감동한 것이었군요."

이렇게 말하고 감 20개를 내어주었다. 도씨가 감사하고 문밖으로 나오니, 아직도 호랑이가 엎드린 채 기다리고 있었다. 호랑이를 타고 집에 돌아오니 새벽닭이 '꼬꼬'하고 울었다. 그 후 어머니는 천명을 다 누리고 돌아가시자, 도씨는 슬퍼하여 피눈물을 흘렸다.

참고 도씨(都氏) : 조선조 철종(哲宗) 때의 효자. 무궐(無闕) : 빠뜨리는 것 없이. 확육(攫肉) : 고기를 채어가다. 비호(悲號) : 슬피 울다. 방황(彷徨) : 헤매다. 누차(屢遮) : 여러 번 (앞을) 막다. 아(俄) : 이내, 뜻밖에.

장제굴중(藏諸窟中) : 감을 굴 속에 저장함. 호상사복(虎尙俟伏) : 호랑이가 여전히 엎드린 채 기다리고 있다. 효계(曉鷄) : 새벽 닭.
모이천명종(母以天命終) : 어머니가 천명을 다하고 돌아가시다.

설명 자식이 무능하거나 게을러서 돈벌이를 못 하고 가난하게 살면 그것이 곧 불효가 된다. 노름이나 주색잡기 같은 유흥에 빠져서 가산(家産)을 탕진하는 것도 큰 불효다.

효도의 기본 원리 속에는 자식이 부지런히 일하고 알뜰히 저축해서 집안을 경제적으로 부하게 만드는 것이 포함되었다.

그러나 사회나 정치가 타락하고 혹은 전란이 일어났을 때는 불가피하여 가난하고 궁핍할 수도 있다. 그런 때에도 부모에게 효도해야 한다.

가난한 속에서도 지성으로 효도를 하고 부모의 마음이나 신변을 편하게 모셔야 한다.

지극한 효성에는 솔개나 호랑이 같은 사나운 동물도 감동하고 도와준다.

賣 팔 매, 炭 숯 탄, 買 살 매, 闕 빠뜨릴 궐, 饌 반찬 찬, 晩 늦을 만, 忙 바쁠 망, 鳶 소리개 연, 攫 움킬 확, 索 찾을 색, 柿 감 시, 彷 방황할 방, 徨 방황할 황, 屢 자주 루, 遮 막을 차, 俄 잠시 아, 饋 먹일 궤, 嗜 즐길 기, 窟 구멍 굴, 顆 덩이 과, 俟 기다릴 사, 曉 새벽 효, 喔 울 악, 淚 눈물 루.

염의편(廉義篇)

언제나 청렴하라.

廉義篇 1

印觀이 賣綿於市할새 有署調者 以穀買之而還
인관 매면어시 유서조자 이곡매지이환

이러니 有鳶이 攫其綿하여 墮印觀家어늘 印觀이
유연 확기면 타인관가 인관

歸于署調曰 鳶墮汝綿於吾家라 故로 還汝하노
귀우서조왈 연타여면어오가 고 환여

라 署調曰 鳶이 攫綿與汝는 天也라 吾何受爲리
서조왈 연 확면여여 천야 오하수위

오 印觀曰 然則還汝穀하리라 署調曰 吾與汝者
인관왈 연즉환여곡 서조왈 오여여자

市二日이니 穀已屬汝矣라 하고 二人이 相讓이라
시이일 곡이속여의 이인 상양

가 幷棄於市하니 掌市官이 以聞王하여 竝賜爵하
병기어시 장시관 이문왕 병사작

리라.

인관이라는 사람이 시장에서 솜을 팔고 있는데, 서조라는 사람이 곡식으로써 솜을 사서 돌아갔는데, 솔개가 그 솜을 낚아채 가지고 가서 인관의 집에 떨어뜨렸다. 이에 인관이 그 솜을 서조에게 되돌려주며 말하였다.

"솔개가 당신의 솜을 물어다 우리집에 떨어뜨렸소. 그래서 되돌려드리는 것이오."

서조가 말하였다.

"솔개가 솜을 낚아서 그대에게 준 것은 하늘이 시킨 일이거늘 내가 어찌 되돌려 받겠는가?"

그러자 인관이 말하였다.

"그렇다면 (솜 값으로 받은) 곡식을 당신에게 돌려드리겠소."

서조가 말하였다.

"내가 그대에게 곡식은 준 후로 이미 두 차례나 장날이 지나갔으니, 그 곡식은 이미 당신의 것이오."

두 사람은 서로 사양하다가 마침내 솜과 곡식을 장터에 내다가 버리니, 시장을 관리하는 관원이 임금에게 이 사실을 보고해 올리자, 임금은 이들에게 벼슬을 내렸다.

참고 인관(印觀)과 서조(署調) : 신라 때 사람들이다.

설명 이 고사에 나오는 두 사람은 우둔하리만큼 지나치게 고집스러운 데가 있다. 그러나 명분에 어긋나는 재물을 취하지 않으려는 결백한 고집을 칭찬할 줄 알면 악덕하게 재물을 취하지 않을 것이다.

廉 청렴할 렴, 印 인 인, 觀 볼 관, 綿 솜 면, 署 마을 서, 調 고를 조,
穀 곡식 곡, 墮 떨어질 타, 與 줄 여, 屬 붙일 속, 讓 사양할 양,
棄 버릴 기, 掌 맡을(손바닥) 장, 官 벼슬 관, 賜 줄 사.

廉義篇 2

洪公 耆燮이 少貧甚無聊러니 一日朝에 婢兒踊
홍 공 기 섭 소 빈 심 무 료 일 일 조 비 아 용

躍 獻七兩錢 曰 此在鼎中하니 米可數石이요
약 헌 칠 냥 전 왈 차 재 정 중 미 가 수 석

柴可數駄니 天賜天賜니이다 公이 驚曰 是何金
시 가 수 태 천 사 천 사 공 경 왈 시 하 금

하고 卽書 失金人 推去等字하여 付之門楣而待
즉 서 실 금 인 추 거 등 자 부 지 문 미 이 대

러니 俄而姓劉者來 問書意어늘 公이 悉言之한대
아 이 성 유 자 래 문 서 의 공 실 언 지

劉曰 理無失金於人之鼎內하니 果天賜也라 盍
유 왈 이 무 실 금 어 인 지 정 내 과 천 사 야 합

取之닛고 公이 曰 非吾物에 何오 劉俯伏曰 小的
취 지 공 왈 비 오 물 하 유 부 복 왈 소 적

이 昨夜에 爲竊鼎來라가 還憐家勢蕭條 而施之
작 야 위 절 정 래 환 련 가 세 소 조 이 시 지

러니 今感公之廉价하고 良心自發하여 誓不更盜
금 감 공 지 렴 개 양 심 자 발 서 불 갱 도

하고 願欲常侍하오니 勿慮取之하소서 公이 卽還
원 욕 상 시 물 려 취 지 공 즉 환

金曰 汝之爲良 則善矣나 金不可取라 하고 終
금 왈 여 지 위 량 즉 선 의 금 불 가 취 종

不受하니라 後에 公이 爲判書하고 其子在龍이 爲
불 수 후 공 위 판 서 기 자 재 용 위

憲宗國舅하며 **劉亦見信**하여 **身家大昌**하니라.
헌종국구　　유역견신　　신가대창

홍공 기섭이 젊었을 때 매우 가난하여 심히 무료하였는데, 어느 날 아침에 어린 계집종이 좋아 날뛰면서 달려와 돈 일곱 냥을 바치며 말하였다.

"이 돈이 솥 안에 있었으니, 쌀 몇 섬이요, 나무가 몇 바리 어치입니다. 이것은 하늘이 내려주신 것입니다."

공이 놀라며 말하였다.

"그게 어떻게 된 돈일까?" 그리고 즉시 '돈을 잃은 사람은 찾아가라'는 글을 써서 대문에 붙이고 기다렸다.

얼마 후에 유씨 성의 사람이 와서 대문에 붙인 글의 뜻을 물었다. 이에 공이 돈의 내력을 자세히 설명하자, 유씨가 말하였다.

"아무도 돈을 남의 솥 속에다 잃을 이치가 없으니, 그 돈은 필경 하늘이 내려준 것이오. 어찌 안 가지려 하십니까?"

그러자 공이 말하였다.

"나의 재물이 아닌데 어찌 가진단 말입니까?"

그러자 유씨가 엎드려 절을 하며 말하였다.

"소적(小的, 소인)이 어젯밤에 공의 솥을 훔치러 왔다가 도리어 가세가 너무 쓸쓸한 것을 안타까이 여겨 이 돈을 솥 안에 놓고 갔습니다. 소인은 이제 공의 청렴하심에 감동히고 양심이 절로 우러나와 다시는 도적질을 하지 않으려고 맹세하옵고, 앞으로도 항상 옆에서 모시기를 원하오니, 염려 마시고 이 돈을 거두어 주십시오."

공은 즉시 돈을 돌려주며 말하기를, "그대가 착한 사람이 된

것은 참으로 좋은 일이나 그래도 이 돈은 내가 취할 수 없소." 하고 끝내 받지 않았다.

후에 공은 판서가 되었고, 그의 아들 재룡(在龍)은 헌종(憲宗)의 장인이 되었으며, 유씨도 신임을 얻어 자신과 그의 집안이 크게 번성하였다.

참고 홍기섭(洪耆燮) : 조선 순조(純祖) 때의 사람. 가빈심무료(家貧甚無聊) : 무료(無聊)는 '즐겁지 않음'을 뜻한다. 원본에는 無料로 되어 있으나 뜻이 분명치 않으므로 통행본(通行本)을 따랐다.

설명 사람들이 이와 같은 양심을 지니고 산다면 맑고 좋은 세상이 될 것이다. '목이 타도 도천의 물을 마시지 않고 더워도 나쁜 나무 그늘에 쉬지 않는다(渴不飮盜泉水 熱不息惡木休).' 「陸機 猛虎吟」

耆 늙은이 기, 燮 빛날 섭, 聊 애오라지(즐거울) 료, 婢 계집종 비, 踊 뛸 용, 躍 뛸 약, 獻 바칠 헌, 鼎 솥 정, 柴 나무 시, 馱 짐실을 태, 楣 문설주 미, 悉 다 실, 盍 어찌 아니할 합, 俯 구부릴 부, 竊 훔칠 절, 蕭 쓸쓸할 소, 价 청렴할 개, 誓 맹세할 서, 更 다시 갱, 憲 법 헌, 舅 장인 구.

廉義篇 3

高句麗(고구려) 平原王之女(평원왕지녀)는 幼時(유시)에 好啼(호제)러니 王(왕)이 戲曰(희왈) 以汝(이여)로 將歸(장귀) 于愚溫達(우우온달)하리라 及長(급장)에 欲下嫁(욕하가) 于上部高氏(우상부고씨)한대 女以王不可食言(여이왕불가식언)이라 하여 固辭(고사)하고 終爲溫達之妻(종위온달지처)하니라 蓋溫達(개온달)이 家貧(가빈)하여 行(행)

乞養母(걸양모)하니 時人(시인)이 目爲愚溫達也(목위우온달야)러라 一日(일일)은 溫達(온달)이 自山中(자산중)으로 負楡皮而來(부유피이래)하니 王女訪見(왕녀방견) 曰(왈) 吾乃子之匹也(오내자지필야)라 하고 乃賣首飾(내매수식)하여 而買田(이매전) 宅器物(택기물) 頗富(파부)하고 多養馬以資溫達(다양마이자온달)하여 終爲顯(종위현) 榮(영)하니라.

고구려 평원왕의 공주는 어려서 잘 울었으므로, 왕이 희롱하여 말하기를, "장차 너를 바보 온달에게 시집보내겠다."고 하였다.

공주가 성장하자 왕이 공주를 상부 고씨에게 시집을 보내려 하니 공주는, "왕가에서 식언을 하면 안 됩니다."라고 하여 굳이 사양하고 마침내 온달의 아내가 되었다.

일찍이 온달은 집안이 가난하여 거리로 다니며 구걸하여 자기 어머니를 봉양하니, 이에 사람들은 그를 보고 바보 온달이라고 불렀다.

하루는 온달이 산에서 느릅나무 껍질을 짊어지고 돌아오니, 공주가 찾아와서 말하였다.

"저는 바로 당신의 아내입니다."

그리고 비녀와 장식품을 팔아 밭과 집과 기물 등을 꽤 많이 사고 또 말들을 많이 길러 온달의 뒷바라지를 했다. 마침내 온달은 (공을 세워) 이름을 내고 자손도 번창하게 되었다.

참고 평원왕(平原王) : 고구려의 제25대 왕으로 재위(在位)는 559~590이었다.
온달(溫達) : 고구려 평원왕 때의 장군으로 북주(北周) 무제(武帝)의 군사를 쳐서 공을 세워 대형(大兄)이라는 벼슬에 올랐다.

설명 공주는 의리를 중히 여기고 또 사람을 알아보는 슬기가 있었다. 그래서 효성스러운 온달에게 자청하여 시집을 갔던 것이다. 그녀는 현명한 아내로서 남편 온달을 잘 도왔으며 마침내 온달로 하여금 용감한 무장이 되게 하여 국가에 공을 세우게 했다.

공자는 「논어」에서 말했다. '군자는 도의를 밝히고 소인은 이득을 밝힌다(君子喩於義 小人喩於利).'

句 글귀 구, 麗 고울 려, 原 언덕 원, 啼 울 제, 戲 희롱할 희, 汝 너 여, 嫁 시집갈 가, 部 마을 부, 蓋 대개 개, 乞 빌 걸, 愚 어리석을 우, 負 질 부, 楡 느릅나무 유, 訪 찾을 방, 匹 짝 필, 飾 꾸밀 식, 頗 자못 파, 資 도울 자.

권학편(勸學篇)

늘 배우고 익혀야 한다.

勸學篇 1

朱子曰 勿謂今日不學而有來日하며 勿謂今
주 자 왈, 물 위 금 일 불 학 이 유 내 일 물 위 금

年不學而有來年하라 日月逝矣라 歲不我延이니
년 불 학 이 유 내 년 일 월 서 의 세 불 아 연

嗚呼老矣라 是誰之愆고.
오 호 노 의 시 수 지 건

주자가 말하였다.

오늘 배우지 않고서 내일이 있다고 말하지 말며, 올해에 배우지 않고서 내년이 있다고 말하지 말라. 세월은 흘러가는 것이라, 나를 위해 기다리지 않는다. 오! 늙음이여, 이 누구의 허물인가?

勸 권할 권, 逝 갈 서, 延 늦출 연, 嗚 슬플 오, 愆 허물 건.

勸學篇 2

少年易老學難成하니 一寸光陰不可輕이라 未
소 년 이 노 학 난 성 일 촌 광 음 불 가 경 미

覺池塘春草夢하여 階前梧葉已秋聲이라.
각 지 당 춘 초 몽 계 전 오 엽 이 추 성

소년은 늙기 쉽고 학문은 이루기 어려우니, 한 치의 광음(光陰, 짧은 시간)도 가벼이 여기지 말라. 아직도 못가의 봄풀은 꿈에서 깨지 못하였는데, 섬돌 앞 오동나무는 벌써 가을 소리를 내는구나.

陰 그늘 음, 覺 깨달을 각, 塘 못 당, 夢 꿈 몽, 階 섬돌 계, 梧 오동나무 오.

勸學篇 3

陶淵明詩云 盛年은 不重來하고 一日은 難再晨이니 及時當勉勵하라 歲月은 不待人이니라.
도연명시운, 성년 부중래 일일 난재신 급시당면려 세월 부대인

도연명의 시(詩)에 이르기를,

젊음은 거듭해서(두 번 다시) 오지 않고, 하루는 새벽이 두 번 있기 어려우니, 때가 이르거든 마땅히 학문에 힘써라. 세월은 사람을 기다리지 않느니라.

勸學篇 4

荀子曰 不積蹞(跬)步면 無以至千里요 不積小流면 無以成江河니라.
순자왈, 부적규 보 무이지천리 부적소류 무이성강하

순자(荀子)가 말하였다.

반걸음을 쌓지 않으면 천 리에 이르지 못하고, 작게 흐르는 물을 모으지 않으면 강하(江河)를 이루지 못하느니라.